W0184020

JÖRG LÖHR

INSPIRE YOUR LIFE!

Das sagen Medien über Jörg Löhr

Süddeutsche Zeitung	*»Deutschlands angesehenster Erfolgs- und Persönlichkeitstrainer.«*
SAT.1	*»Jörg Löhr ist Europas Persönlichkeitstrainer Nr. 1.«*
FOCUS	*»Europas gefragtester Erfolgs- und Persönlichkeitstrainer. Authentisch, natürlich, anwendbar.«*
DIE ZEIT	*»Einer der erfolgreichsten Erfolgs- und Motivationstrainer der Welt.«*
WDR	*»Mit seinen Gewinnerstrategien ist er selbst zum Superstar in der Seminarszene geworden.«*
N24	*»Europas Persönlichkeitstrainer Nr. 1 Jörg Löhr zeigt, wie man seine Stärken erkennen und sie gewinnbringend im Job einsetzen kann.«*
RTL	*»Er ist Bestsellerautor und hat in der Kölnarena 12.000 Leute zu Beifallsstürmen hingerissen.«*
DIE WELT	*»Jörg Löhr ist einer der weltweit bekanntesten Mental- und Persönlichkeitstrainer.«*

JÖRG LÖHR

INSPIRE YOUR LIFE!

DEIN WEG ZU MEHR ERFOLG

… vorab

Was wünschst du dir insgeheim am allermeisten? Gesundheit, Glück, Geld – klar, diese Universalwünsche stehen bei den meisten Menschen obenan. Aber mal ganz ehrlich: Bestimmt gibt es doch in deinem Leben auch noch diese ganz konkrete Hoffnung, einfach Beachtung zu finden. Ist es nicht so, dass du von anderen akzeptiert, mehr noch, bewundert werden möchtest? Ist es dir nicht auch wichtig, dich bedeutsam zu fühlen?

> *Erfolg ist der Sieg der Einfälle über die Zufälle.*

Dieser Wunsch hat übrigens nichts mit einem Egotrip zu tun, solche Bedürfnisse nach Bestätigung sind ganz normal, sie sind in jedem Menschen tief verwurzelt. Ob bewusst oder unbewusst: Jeder ersehnt sich im Leben einen Logenplatz, jeder möchte erfolgreich sein, Erfolg haben, Lebenserfolg.

Jeder kann seinen Erfolg planen

Erfolg – ja, das ist eines der ganz großen Zauberwörter: Von Erfolg sind die Menschen fasziniert. Warum interessieren wir uns wohl sonst für die Reichen und Erfolgreichen? Wir lesen gern Erfolgsstorys. Wir würden gern das Geheimnis des Erfolgs kennen. Wir würden gern selbst noch erfolgreicher sein. Und um des Erfolgs Willen würden wir alles tun. Wirklich alles?

Was du tun kannst – und musst, erfährst du in diesem Buch. Es könnte der erste Schritt zu deinem persönlichen Erfolg sein. Erfolg ist erstrebenswert. Erfolg macht das Leben lebenswert. Erfolg ist ein perfektes Parfüm, Lebenserfolg das höchste Glück. Und das Schönste ist: Prinzipiell hat fast jeder von uns alle Voraussetzungen und Möglichkeiten in sich, die für Erfolg nötig sind. Wie also kann ich Erfolg im Leben haben?

Von allen, die je Kluges über Erfolg gesagt haben, brachte es Paul J. Getty vielleicht am besten auf den Punkt. Was er, der Milliardär, anderen raten würde, um erfolgreich zu werden? Ganz einfach: »Sich mehr anstrengen!« Aber dafür muss man raus aus dem bequemen Sessel – und genau das wollen viele nicht.

Ein Rezept für Erfolg

Erfolg haben ist ein bisschen wie Kuchen backen. Wir wissen was nötig ist, wenn der Kuchen gelingen soll: das richtige Rezept, die richtigen Zutaten, die richtige Mischung, die richtige Backzeit.

»Erfolg ist nicht alles, aber ohne Erfolg ist alles nichts.«

Ottmar Hitzfeld,
Fußballnationaltrainer

Klar, die Spielregeln für Erfolg sind etwas komplizierter als »backe, backe Kuchen«. Aber prinzipiell gibt es durchaus Parallelen.
Also man nehme:

- Das richtige Konzept (das du dir in diesem Buch erarbeitest)
- Die Erfolgstugenden (die dieses Buch vermittelt)
- Die richtige Mischung (die Ausdruck deines Charakters ist)
- Die Erfahrungen von Erfolgreichen (die Orientierung bringen)
- Die richtige Einstellung zum Erfolg (dabei hilft dieses Buch)

Erfolg ist keine Hexerei

Wenn du Erfolg willst, musst auch du dich ein bisschen mehr anstrengen. Erfolg fällt nicht vom Himmel. Erfolg ist weder Glückssache noch Hexerei. Erfolg kann und muss man planen.

Nein, Erfolgsmenschen machen nicht grundsätzlich andere Dinge, sie machen nur ein paar grundsätzliche Dinge ein bisschen anders. Erfolgsmenschen müssen auch nicht in allen Belangen tausend Prozent besser sein, meist reicht es aus, nur ein bisschen besser zu sein. Und das ist möglich, wenn man sich mehr anstrengt. Wie das geht, worauf es wirklich ankommt – von diesen kleinen und großen Geheimnissen des Erfolgs handelt dieses Buch.

Das mächtigste Erfolgssymbol der Glitzerwelt: Der Oscar, Materialwert 300 US-Dollar, ist für jeden Gewinner ein kostbares Karrierekatapult.

Stimmt, zum Thema Erfolg gibt es nicht nur Dutzende Bücher – es gibt Tausende. Manche wurden Millionenseller: Manchmal lassen sich kluge Gedanken aufspüren. Doch viele der sogenannten Erfolgsbücher halten nicht, was sie versprechen; sie sind oft nur reißerisch, dilettantisch – oder schwer lesbar. Genau das soll dieses Buch nicht sein. Die Erfolgslehre strotzt nur so von abschreckendem Pseudowissen oder Psychoungetümen, mit denen der Leser meist allein gelassen wird.

Ich habe mir vorgenommen, für dich das unendliche Thema Erfolg überschaubar zu machen – fassbar. Wenn du dieses Buch durchgearbeitet hast, kennst du die Spielregeln für deinen persönlichen Erfolg. Du weißt:

- Wie du die die richtige Einstellung zum Erfolg findest und wie Sieger denken.
- Wie du dich aus den gemeinen Fallen befreist, die echten Erfolg verhindern.
- Wie du deine verborgenen Kräfte entfesselst und Schwächen in Stärken umwandelst.

- Wie du dich immer wieder selbst motivierst.
- Wie du andere Menschen für deine Ziele gewinnst.
- Wie du wirklich ins Handeln kommst.

Ich will ganz ehrlich sein: Die Lektüre dieses Buches allein garantiert noch keinen Erfolg. Sicher – Wissen ist eine wichtige Basis für Erfolg. Aber Wissen allein löst keine Probleme. Wissen allein bringt uns sogar meist keinen Millimeter weiter. Du musst unbedingt ins Handeln kommen, wenn du richtig erfolgreich sein willst.

»Von nichts kommt nichts.« Handeln kommt nun mal von Hand und nicht von Maul. Sonst hieße es ja maulen. Diese einfache Einsicht ist ein Schlüssel zum Erfolg.

Dieses Buch kann dir die Richtung auf der Straße zum Erfolg weisen. Nicht mehr, aber auch nicht weniger. Den Weg musst du selbst gehen. Du kannst schaffen, was du willst. Aber du schaffst es nur, wenn du wirklich willst. Allerdings: Eines wird auch dir nicht erspart bleiben, wenn du den Erfolg suchst: Du musst dich anstrengen, richtig anstrengen. Dazu gehört, dass du immer wieder aus deiner Komfortzone herauskommst. Das mag manchmal mühsam sein und unbequem. Aber, verdammt:

JUST DO IT!

Es lohnt sich.

Jörg Löhr

25 Jahre
voller besonderer Begegnungen und inspirierender Zusammenarbeit

»Es sind die Begegnungen mit Menschen, die das Leben lebenswert machen.«

Guy de Maupassant

Die besonderen Momente in meinem Leben sind für mich jene, in denen ich mich von interessanten Gesprächen mit besonderen Persönlichkeiten inspirieren lasse. Insbesondere wenn sie mich an ihrem Erfahrungsschatz an Wissen teilhaben lassen und ich ihnen auf dieselbe Weise wieder etwas zurückgeben kann. Voneinander lernen und gegenseitig profitieren lautet hierbei das Credo.

Anbei einige außergewöhnliche Persönlichkeiten der letzten 25 Jahre:

Angela Merkel, Bundeskanzlerin der Bundesrepublik Deutschland

Bill Clinton, 42. Präsident der Vereinigten Staaten

Tom Peters, größte lebende Managementlegende

Stefan Reuter, Fußballweltmeister und Manager des FC Augsburg

Heiner Brand und Markus Baur, Weltmeistertrainer und Mannschaftskapitän

Jürgen Klopp,
Welttrainer des Jahres
und Champions-League-Sieger

Joey Kelly,
Kult-Musiker und
Ausdauersportler

Barack Obama,
44. Präsident der
Vereinigten Staaten

Sebastian Kurz,
Bundeskanzler der
Republik Österreich

Rihanna,
Pop-Ikone und
Grammy-Preisträgerin

Dieter Hecking,
Fußballbundesliga-trainer

Dieter Zetsche,
ehem. Vorstandsvorsitzender Daimler AG

Vladimir und Vitali Klitschko,
Boxweltmeister

Usher,
Pop-Ikone und
Grammy-Preisträger

Uli Hoeneß,
Fußballweltmeister
und »Macher« des
FC Bayern München

Toni Kroos,
Fußballweltmeister
und Champions-League-Sieger

Inhalt

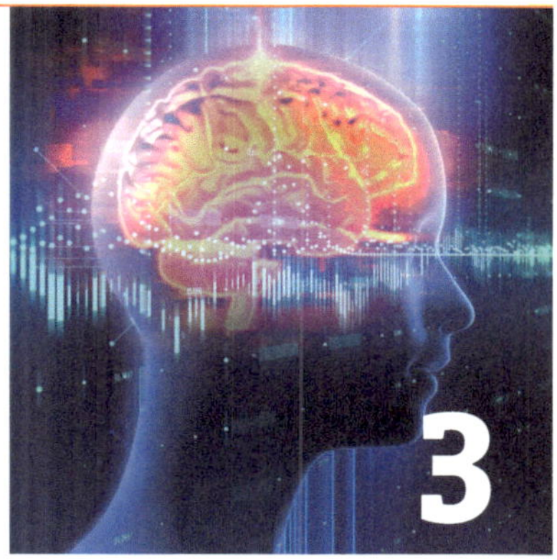
3

4

5

WIE ICH MEIN SELBSTBILD VERÄNDERE 144

WIE ICH TATSÄCHLICH INS HANDELN KOMME 158

WIE ICH IN JEDER LEBENSLAGE MOTIVATION FINDE 176

9

10

Kapitel 1

WIE GEWINNER DENKEN

Ein Priester fuhr seines Weges und kam an einem außergewöhnlich schönen Bauernhof vorbei. Er hielt an und bestaunte das Anwesen. Zufällig tuckerte der Bauer auf seinem Traktor vorbei und hielt auch an. Der Priester sagte: »Da hat es der Herr aber gut mit Ihnen gemeint, als er Sie mit diesem wunderbaren Hof segnete. Sie sollten darüber sehr dankbar sein.« »Bin ich auch«, antwortete der Bauer. »Ja, der Herr hat mich mit einem schönen Bauernhof gesegnet. Aber Sie hätten das hier mal sehen sollen, als noch alles dem Herrn gehörte.«

> *»Erfolg hat nur, wer etwas tut, während er auf den Erfolg wartet.«*
>
> Thomas A. Edison, Erfinder und Entdecker

Erfolg ist in der Tat mehr als eine himmlische Belohnung oder reine Glückssache oder ein zufälliger Geniestreich. Ein schlauer Kopf brachte Erfolg auf folgende Formel: »5 Prozent Inspiration und 95 Prozent Transpiration.« Also Schweiß! Erfolg ist immer auch das Resultat von Einsatzfreude und Arbeit. Erfolg ist vor allem aber das Ergebnis unserer Einstellung zu Erfolg und Misserfolg. Unsere Einstellung können wir beeinflussen – also auf Erfolg polen. Davon wird in diesem Kapitel ausführlich die Rede sein.

Jeder kann Erfolg haben

Jeder möchte Erfolg haben. Schließlich zählen die wohltuenden Resultate und die Glücksgefühle, die Nebenwirkungen des Erfolgs, zu den stärksten Eindrücken, die Menschen erleben können. Erfolg muss kein Geheimnis bleiben oder gar ein Mysterium.

- Es gibt Regeln und Gesetze, nach denen Erfolg funktioniert.
- Erfolg lässt sich planen.
- Die Strategie des Erfolgs kann jeder lernen.

Erfolg und Misserfolg sind seit Jahrzehnten ein weites Feld für wissenschaftliche Forschung. Gelegentlich tauchen neue Theorien auf, aber sie stützen im Grunde immer eine alte, tröstliche Weisheit: Jeder ist seines Glückes eigener Schmied. Ja. Jeder kann erfolgreich sein. Jeder kann sein eigenes Leben, also auch seinen Lebenserfolg gestalten. Erfolg ist die Fähigkeit:

- seine Chancen zu sehen und zu nutzen,
- das Beste aus seinen Möglichkeiten zu machen,
- sich alle Wünsche selbst zu erfüllen.

Erfolg haben die Erfolgsbewussten

»Nicht was ich habe, sondern was ich schaffe, ist mein Reich.«

Thomas Carlyle,
Essayist und Historiker

Keiner kann sich seine Eltern aussuchen, das heißt die Gene und Umgebung, die frühkindlich prägen. Aber sie sind nicht alles entscheidend – ebenso wenig wie jene Erfolgsfaktoren, die Erfolglose gern bemühen: Zufall und Glück.

Zufall? Es mag Zufälle geben, aber als Basis für Erfolge reicht das nicht. Man muss auch die Gunst glücklicher Umstände nutzen. Das Wort Zufall weist zwar auf etwas Zufallendes hin. Aber wurden die Beatles zum Beispiel zufällig die erfolgreichsten Musiker aller Zeiten? Natürlich nicht. Sicher, für den Erfolg spielt der richtige Zeitpunkt immer eine wichtige Rolle. Sicher, im Fall der Beatles war

Im Leben ist nichts unmöglich.

die Zeit gerade reif für ihre Art der Musik. Aber die vier Pilzköpfe aus Liverpool (»Yeah, yeah, yeah«) haben ihre Sache auch brillant gemacht. Anfang der sechziger Jahre trafen sie absolut den Takt der Teenies, mehr noch: Sie fassten das Lebensgefühl einer ganzen Generation in einen völlig neuen, stimmigen Rhythmus, der viele Jahre lang Millionen Menschen mitriss.

> *»Erfolg oder Versagen ist eher die Folge unserer geistigen Einstellung als unserer geistigen Fähigkeit.«*
>
> Walter Scott, Psychologe

Erfolgsfaktor Glück

Glück? Nach einem sensationellen Schlag sagte der Golfspieler Gary Player einmal: »Stimmt, das war ein Glücksschlag. Allerdings: Je mehr ich übe, umso mehr Glück habe ich.« Der Erfinder Alexander Graham Bell bemühte sich lange Zeit außerordentlich, um eine Hörhilfe für seine schwerhörige Frau zu entwickeln. Das gelang ihm nicht. Aber bei seiner Arbeit entdeckte er ein Prinzip, das schließlich die Welt verändert hat. Hatte Bell also bloß Glück, als er so ganz nebenbei das Telefon erfand? Natürlich nicht.

Es ist bequem, Glück oder glückliche Umstände als Grundlage für Erfolg zu betrachten. Der Boden muss schon beackert sein, damit das Glück überhaupt keimen kann. Und wenn eine glückliche Gelegenheit da ist, muss man vorbereitet sein, um die Gelegenheit beim Schopfe zu packen. Und auch dann bleiben Anstrengungen nicht erspart. Der bekannte Schauspieler Gustav Knuth wusste: »Erfolg ist eine Chance, verpackt in harter Arbeit.« Zu hoffen, dass das Ausfüllen eines Lottoscheins zum Erfolg führt, ist töricht. Zum echten Erfolg gibt es keine Abkürzungen. Vor den Erfolg haben die Götter bekanntlich den Schweiß gesetzt.

Vergleiche sind gefährlich

Auf der Straße zum Erfolg stehen wir uns selbst oft im Weg – weil wir vielleicht zu sehr auf die glanzvollen Erfolgsstorys starren, nur Erfolgstypen sehen. Wenn wir nur auf den Lohn des Erfolgs bei ande-

> *»Nicht die Größe des Hundes ist im Kampf entscheidend, sondern die Größe des Kampfes im Hund.«*
>
> Texanisches Sprichwort

ren schielen, auf ihre Lorbeeren – klar, da können wir uns schon leicht als kleine, graue Maus fühlen und darüber hinaus vergessen, uns auf uns selbst zu konzentrieren. Wir sollten also besser unser persönliches Ziel im Auge behalten – und den Weg zu unserem Ziel. Statt zu vergleichen, was andere haben und ich nicht, sollten wir bei uns selbst Vergleich anmelden:

- Was hast du erreicht, verglichen mit dem, was du eigentlich erreichen könntest?
- Was tust du für deinen Erfolg, verglichen mit dem, was möglich wäre?
- Bringt dich das, was du heute für deinen Erfolg tust, wirklich zu deinen Zielen?

In den Medien werden uns die Reichen und Erfolgreichen, die Schönen und die Schlanken ständig als Vorbilder präsentiert. Ihr oftmals beschwerlicher Weg nach oben wird meist unterschlagen.

Was wir als Erfolg betrachten

Was heißt das eigentlich – erfolgreich sein? In den Augen der anderen als großer Zampano zu erscheinen? Alle angesagten Lifestyle-Attribute zu besitzen? Sind das wirklich schon Erfolge? Oder heißt Erfolg nicht vielmehr: Eine starke Persönlichkeit zu sein? Über eine positive Lebenseinstellung verfügen? Mut zu haben und Mut zu zeigen?

Es gibt ein paar Merkmale, die fast von allen Menschen angestrebt und allgemein als Erfolge definiert werden:

- Ein dickes Konto, ein dickes Auto, ein großes Haus
- Das Leben in vollen Zügen genießen zu können
- Anerkennung bekommen
- Erfolg bei den Frauen / Glück mit den Männern
- Karriere

Check: Was tue ich schon heute, um erfolgreich zu sein?

› Plane ich bis in alle Details, um meine Ziele zu erreichen?	○ ja	○ nein
› Bin ich bereit, für den Erfolg einen Preis zu zahlen?	○ ja	○ nein
› Bin ich wenigstens auf einem Gebiet besser als andere?	○ ja	○ nein
› Bin ich bereit, mir ständig neues Wissen anzueignen?	○ ja	○ nein
› Habe ich Geduld?	○ ja	○ nein
› Habe ich mal wirklich Ausdauer bewiesen?	○ ja	○ nein
› Kenne ich meine Gewohnheiten, die mich klein machen?	○ ja	○ nein
› Stehen mir häufiger engstirnige Prinzipien im Weg?	○ ja	○ nein
› Verhalte ich mich in Stresssituationen wirklich souverän?	○ ja	○ nein
› Bin ich in der Lage, schnell Energiereserven zu mobilisieren?	○ ja	○ nein
› Kann ich mich gut selbst motivieren?	○ ja	○ nein
› Bin ich bereit, mich ständig zu verbessern und dazuzulernen?	○ ja	○ nein
› Bin ich echt davon überzeugt, dass für mich (fast) alles möglich ist?	○ ja	○ nein
› Habe ich schon eine Strategie, die mir den Erfolg bringen soll?	○ ja	○ nein

Letzteres besonders. Bei uns wird der Erfolg eines Menschen allzu oft mit dem beruflichen Erfolg gleichgesetzt. Das ist, wie wir sehen werden, ein bisschen kurzsichtig. Beruflich Profi, privat Amateur – unter dieser »Managerkrankheit« leiden viele engagierte Erfolgstypen. Sie müssen irgendwann die bittere Erfahrung machen, dass beruflicher Erfolg niemals ein völliger Ersatz für mangelnden privaten und zwischenmenschlichen Erfolg sein wird. Erfolg ist mehr.

Was Erfolg für Erfolgreiche heißt

Erfolg ist immer subjektiv. Erfolg bedeutet für jeden etwas anderes. Auch wenn Otto Waalkes meint: »Über Erfolg redet man nicht, Erfolg hat man« –

»Immer mehr Menschen koppeln sich ab von den Karrierefallen und Statussymbolen der alten Erfolgsmentalität – angeödet, angeekelt und erschöpft vom Kampf um Geld, Titel oder Macht. Sie entdecken, dass Erfolg darin besteht, die Autonomie im eigenen Leben zurückzugewinnen.«

Heiko Ernst,
ehem. Chefredakteur der
Zeitschrift »Psychologie heute«

natürlich sprechen Erfolgsmenschen gerne über Erfolg. Als Henry Kissinger US-amerikanischer Außenminister war, prägte er das schöne Bonmot: »Erfolg ist ein perfektes Parfüm.«

Erfolg macht attraktiv und sexy. Erfolg zieht Erfolg an. Mit Erfolg lässt sich prima kokettieren. Es ist aufschlussreich, was erfolgreiche Zeitgenossen als persönlichen Erfolg sehen ...

- »... dass ich mehr über mich selbst lachen kann als über andere«
  Annemarie Schoenle, Schriftstellerin
- »... dass man sich auf das konzentriert, was man wirklich mag und worin man gut ist«
  Bill Gates, Unternehmer, Gründer von Microsoft
- »... meine Kinder«
  Tommy Hilfiger, US-amerikanischer Modedesigner
- »... wie gut du bist, wenn du schlecht bist«
  Martina Navratilova, eine der erfolgreichsten Tennisspielerinnen aller Zeiten
- »... dabei sein«
  Woody Allen, US-amerikanischer Komiker und Regisseur
- »... kühn zu sein«
  Mark Zuckerberg, US-amerikanischer Unternehmer, Gründer und Vorstandsvorsitzender von Facebook
- »... kommt nicht von folgen«
  Carsten K. Rath, deutscher Unternehmer und Redner
- »... dass ich einer Marzipankugel widerstehen kann«
  Ulrich Beck, Soziologe
- »... nichts ist erfolgreicher als der Erfolg. Das Leben ist kein Ponyhof. Es geht um Leistung. Du musst von morgens bis abends schuften wie ein Galeerensträfling.«
  Dieter Bohlen, deutscher Musiker, Produzent und Songwriter
- »... dass ich Survival und Yanomami-Indianer zu festen Begriffen gemacht habe«
  Rüdiger Nehberg, Abenteurer

Check: Erfolg – was bedeutet das für mich persönlich?

› Persönlicher Erfolg (in einem Satz formuliert) heißt für mich:

› Als erfolgreiche Vorbilder fallen mir ein (fünf Beispiele):

› An ihnen schätze ich folgende Eigenschaften und Erfolgstugenden:

› Meine Vorstellung von Erfolg wurde geprägt von:

› Was erfolgreiche Menschen meiner Meinung nach von nicht Erfolgreichen unterscheidet:

Was Erfolg wirklich bedeutet

So viel steht fest: Auch wenn sich manche hinter einer Fassade verstecken, wir wollen alle mehr oder weniger dasselbe, nämlich Liebe, Glanz, Macht, Anerkennung, Geld, sexuelle Befriedigung – Erfolg eben.

Das war schon immer so. Menschen wollen, wie es bereits in der Bibel heißt, unter ihrem Wein und Feigenbaum sitzen, und niemand soll ihnen Angst machen. Erfolg ist eben mehr als das große Geld oder der Luxus, sich kleine Marotten leisten zu können. Erfolg ist auch mehr als Ruhm oder Ansehen.

Wir wollen uns alle sicher und geliebt fühlen. Wir spüren, dass materielle Werte nicht alles sind. Wir wollen ausgeglichen, gelassen, glücklich leben – das Leben erfolgreich meistern. Erfolg ist auch:

- Vitale Gesundheit
- Lebensfreunde und Wohlbefinden
- Positive Lebensenergie
- Erfüllende Beziehungen
- Kreative Freiheit
- Emotionale Stabilität und Seelenfrieden
- ...

Erfolg, so steht es im Lexikon, bedeutet das »Erreichen eines Ziels«. Dieses Ziel oder diese Ziele müssen wir zunächst mal für uns selbst finden und definieren. Erfolg muss nicht heißen, dass wir viel in unserem Leben erreichen – verglichen mit anderen. Erfolg heißt viel mehr, dass wir das Beste aus unserem Leben machen – verglichen mit den Möglichkeiten, die in uns stecken.

> *»Zum Erfolg gibt es keinen Lift. Man muss die Treppe benutzen.«*
>
> Emil Oesch, Schriftsteller und Verleger

Die persönliche Zielsetzung ist für den Erfolg ein ganz wesentlicher Punkt. Schließlich hängt jedes Erfolgserlebnis davon ab, ob das Ergebnis mit den selbst gesetzten Erwartungen übereinstimmt.

Klare Bestandsaufnahme

»Wie geht's dir?« Wie oft werden wir das gefragt! Und wie oft antworten wir dann ausweichend oder pauschal: »Danke, gut.« Wirklich? Wer im Leben Erfolg haben will, muss für sich klären:

- Was genau verstehe ich unter Erfolg?
- Welchen Erfolg strebe ich in Zukunft an?
- Wie steht es gegenwärtig um mich?

Bestandsaufnahme und persönliche Erfolgserwartungen: Bitte beantworte die folgenden 15 Fragen schriftlich.

Check: Meine Erfolgserwartungen

› **1.** Was waren in den letzten zwölf Monaten deine größten Erfolge – und wie hast du diese erreicht?

› **2.** Überlege, in welchen Lebensbereichen du noch mehr erreichen möchtest. Bitte beschreibe deine Vorstellungen möglichst genau:
Im eigenen Verhalten und der Einstellung zu dir selbst:

Im Verhalten zu deiner Familie:

Check: Meine Erfolgserwartungen

Im Verhalten gegenüber anderen im beruflichen Umfeld:

____

____

In der Verbesserung körperlicher und geistiger Fitness/Energie:

____

____

› **3.** Welche vier Werte bedeuten dir in deinem Leben besonders viel?
Worauf legst du am meisten Wert?

____________________ ____________________

____________________ ____________________

› **4.** Was sind deine drei größten Stärken?

____

____

› **5.** Habe ich die Möglichkeit, das, was ich gut kann, zu leben? Wenn ja, wo?

____

____

____

Check: Meine Erfolgserwartungen

> **6.** Bitte erstelle nun eine Liste mit den fünf wichtigsten Zielen und bewerte sie nach Priorität:

> **7.** Welches ist der sehnlichste Wunsch, den du dir in deinem Leben noch erfüllen möchtest?
> Warum ist dieser Wunsch so wichtig für dich?

> **8.** Beschreibe bitte in ein paar Sätzen deine Fertigkeit zu kommunizieren und auch die Bereiche, in denen du noch besser werden willst.
> Beruflich:

Privat:

Check: Meine Erfolgserwartungen

› **9.** Beschreibe, ob/wie du mit deinem Körper, deiner Fitness zufrieden bist:

____

____

› **10.** Was möchtest du an deinem Körper, deiner Fitness verändern?

____

____

› **11.** Was hat dich bislang daran gehindert, Ziele zu erreichen, die du dir selbst gesteckt hast?

Private Ziele/Hinderungsgründe:

____

____

Berufliche Ziele/Hinderungsgründe:

____

____

Persönliche Barrieren für ein erfülltes (erfolgreiches) Leben:

____

____

Check: Meine Erfolgserwartungen

› **12.** Welche Gewohnheiten oder Eigenschaften möchtest du ablegen, weil du glaubst, sie behindern dich in deinem Weiterkommen?

____

____

____

› **13.** Welche Eigenschaften/Gewohnheiten/Fertigkeiten möchtest du noch erwerben, weil du glaubst, sie seien besonders wichtig für dein persönliches Weiterkommen?

____

____

____

› **14.** Schätze mal auf der Skala von 1 bis 10 deine Qualitäten und Fähigkeiten ein (die Zahl 10 bedeutet bestens, 1 sehr schlecht; Mehrfachnennungen einer Zahl sind möglich):

Erfolg, den ich bisher mit Freundschaften hatte	①	②	③	④	⑤	⑥	⑦	⑧	⑨	⑩
Die Beziehung zu meiner Mutter	①	②	③	④	⑤	⑥	⑦	⑧	⑨	⑩
Die Beziehung zu meinem Vater	①	②	③	④	⑤	⑥	⑦	⑧	⑨	⑩
Erfolg in intimen Freundschaften	①	②	③	④	⑤	⑥	⑦	⑧	⑨	⑩
Die Beziehung zu Mitarbeitern, Kollegen, Chef	①	②	③	④	⑤	⑥	⑦	⑧	⑨	⑩
Meine Fähigkeit, Ziele zu erreichen	①	②	③	④	⑤	⑥	⑦	⑧	⑨	⑩
Meine Fähigkeit, mit Geld umzugehen	①	②	③	④	⑤	⑥	⑦	⑧	⑨	⑩
Erfolg in meinem Job	①	②	③	④	⑤	⑥	⑦	⑧	⑨	⑩
Der Umgang mit mir selbst und meinem Körper	①	②	③	④	⑤	⑥	⑦	⑧	⑨	⑩

Check: Meine Erfolgserwartungen

› **15.** Wenn du jetzt noch einmal anschaust, was du hier ausgefüllt hast – welche Konsequenzen willst du daraus für deine Zukunft ziehen? (Bitte formuliere es positiv!)

____

____

____

____

____

____

Die richtige Einstellung – ein wichtiger Erfolgsfaktor

Vielleicht sind dir schon mal ganz ähnliche Gedanken in den Sinn gekommen, als du an einem schönen Sommertag einen See voller Segelboote gesehen hast: Komisch, obwohl der Wind aus einer Richtung weht und alle dieselben Bedingungen haben, segeln sie doch in alle möglichen Richtungen, noch dazu mit ganz unterschiedlichem Tempo. Wie ist das möglich?

Aus den Umständen das Beste machen

Der Wind (also die Bedingungen) ist für alle gleich. Aber es ist nicht der Wind, der entscheidend ist. Alles hängt davon ab, wie die Segel gesetzt sind. Und das ist Sache des Seglers.

So ähnlich funktioniert auch unser Leben – und der Erfolg im Leben. Wir können zwar den Wind nicht beeinflussen, aber wir können entscheiden, wie wir die Segel setzen. Wir können an den Umständen oft nichts ändern, aber wir können unsere Einstellung ändern.

Wir können uns als ein Opfer der Umstände sehen. Oder aber als ein Macher, der aus den Umständen in jedem Fall das Beste macht.

Es kommt nicht darauf an, wo du herkommst. Nur die Richtung, die du jetzt einschlägst, entscheidet darüber, wo du ankommen wirst.

Drei Typen – drei Einstellungen		
Menschen, die beobachten, wie sich etwas bewegt	Menschen, die sich wundern, wenn sich etwas bewegt	Menschen, die selbst etwas bewegen

Was für ein Typ bist du? Willst du nicht auch ein Mensch sein, der sein Leben absolut im Griff hat, etwas bewegt, selbstverantwortlich, selbstständig, selbstbewusst?

Die Entscheidung liegt letztlich bei jedem selbst. Auch wenn du es vielleicht noch nicht glauben kannst: Du kannst erreichen, was du willst. Wenn du es schaffst, es für erreichbar zu halten.

David – der erste positive Denker

Sicher kennst du die Geschichte aus dem Alten Testament, in der David gegen Goliath kämpft. Da war also dieser Riese Goliath, der die Dorfbewohner terrorisierte. Alle duckten sich ängstlich vor ihm, der wegen seiner gewaltigen Größe unbesiegbar erschien.

Eines Tages kehrte der Schäferjunge David in sein Dorf zurück, machte sich ein Bild von der bedrückenden Situation und fragte seine Brüder:

Wie sich Winner und Loser unterscheiden

DER VERLIERERTYP	DER SIEGERTYP
... sagt: »Es ist vielleicht möglich, aber es ist zu schwierig.«	... sagt: »Es ist vielleicht schwierig, aber es ist möglich.«
... sieht ein Problem in jeder Antwort.	... hat eine Antwort für jedes Problem.
... hat ein Problem.	... hat ein Programm.
... macht Versprechungen.	... macht verbindliche Zusagen.
... ärgert sich über unvorhersehbare Ereignisse: »Das ist Mist.«	... nimmt unvorhersehbare Ereignisse an: »Das ist ja interessant.«
... hat sein Schema F.	... hat Träume.
... sagt: »Es müsste was getan werden.«	... sagt: »Ich muss was tun.«
... denkt: Das ist nicht mein Job.	... denkt: Was kann ich für dich tun?
... redet sich nach einem Fehler raus: »Das war nicht mein Fehler.«	... entschuldigt sich nach einem Fehler: »Das war mein Fehler.«
...lässt geschehen.	...packt an.
... folgt seiner privaten Philosophie: Tue anderen etwas an, bevor sie dir was antun.	... handelt nach dem Grundsatz: Tue anderen nichts an, was sie dir nicht antun sollen.

»Warum kämpft ihr nicht gegen den Riesen?« Sie antworteten kleinmütig: »Siehst du nicht, er ist zu groß, um ihn zu besiegen.« Da sagte David: »Nein, er ist nicht zu groß, um ihn zu besiegen, er ist nur zu groß, um ihn zu verfehlen.«

»Probleme kann man niemals mit derselben Denkweise lösen, durch die sie entstanden sind.«

Albert Einstein, Physiker

Der Rest ist Geschichte. Wie wir alle wissen, besiegte David Goliath. Der scheinbar Schwächere triumphierte über den scheinbar Übermächtigen, weil er das scheinbar unerreichbare Ziel mit einer ganz anderen Einstellung anvisierte – und dann tatsächlich erreichte.

Der mutige David dürfte einer der ersten Helden sein, dessen positive Denke dokumentiert ist. Die Amerikaner sprechen in so einem Fall gern vom richtigen »Mindset«.

Die Kraft in unserem Kopf

Wir können sicher nicht alle Ereignisse in unserem Leben kontrollieren. Aber wir haben Kontrolle darüber, was wir fühlen und denken und wie wir mit all den Ereignissen umgehen.

Mit »Mindset« ist die Kraft im Kopf gemeint, die Denkweise, die geistige Haltung, die das Verhalten lenkt. Dass die richtige Einstellung zum Beispiel im Berufsalltag einer der elementaren Erfolgsfaktoren ist, wurde durch Studien bereits bestätigt. Da wurde untersucht, was wirklich ausschlaggebend ist bei der Jobvergabe. Die meisten werden denken: Klar, das Fachwissen des Bewerbers. Oder sein ganzes Auftreten. Selbstverständlich spielt es eine Rolle, wie smart und kompetent jemand ist – aber diese Qualitäten fließen nur zu 15 Prozent in die Bewertung ein Bedeutend wichtiger (85 Prozent) ist die innere Einstellung zu seinen Aufgaben, zu den Kollegen. Und vor allem zu sich selbst.
Zum Beispiel:

- »Ich will diesen Job gut machen.«
- »Ich will Erfolg haben.«
- »Ich erreiche, was ich will.«

Die Entscheidung liegt bei uns

Der große Pädagoge und Geistliche Johann Heinrich Pestalozzi hat nicht nur Gottvertrauen gepredigt, sondern auch eine ganz wichtige Kraft angesprochen: »Vergiss es nicht, Mensch! Alles, was du bist, alles, was du willst, alles, was du sollst, geht von dir selbst aus.« Er meinte damit das menschliche Privileg der Wahlfreiheit. Jeder hat das, was er jetzt macht und das, was ihn ausmacht, letztlich frei gewählt. Seine Art zu leben, seinen Alltag, seinen Partner, die Arbeit, die Wohnung, den Wohnort.

»Wenn einem das Wasser bis zum Hals steht, darf man den Kopf nicht hängenlassen.«

Szenespruch

Die Lüge von den Sachzwängen

Auch wenn das Wort populär geworden ist und viele so gern davon Gebrauch machen: »Sachzwänge« gibt es in Wirklichkeit nicht, sie sind letztlich nur eine beliebige, bequeme Ausrede. Denn alles, was jetzt ist, ist die Folge von früheren Entscheidungen: Was wir gelernt haben – und was nicht; woran wir glauben und wofür wir uns eingesetzt haben; was wir denken, was wir uns zugetraut und was wir angepackt haben. Wer sagt: »Ich kann nicht« – der will nicht.

Erfolg beginnt im Kopf

»Die größte Revolution meiner Generation ist die Entdeckung der Tatsache, dass Menschen durch die Veränderung ihrer inneren Einstellung ihre äußeren Lebensumstände verbessern können«, sagte der Harvard-Professor Dr. James bereits 1905. Alle erfolgreichen Menschen haben diese Erfolgsmentalität. Sie vertrauen auf sich. Sie wissen, dass sie in der Lage sind, alles zu lernen und alles Nötige zu tun, um zu ihrem Ziel zu kommen.

Wenn man Erfolgsstorys genauer betrachtet, wird man feststellen, dass Erfolgreiche stets nach dem sogenannten Realitätsprinzip leben. Für sie ist die Welt, der Alltag kein Wunschkonzert. Fakt ist: Wir müssen mit der Welt so umgehen, wie sie ist. Und nicht so, wie wir sie uns wünschen, wie sie sein sollte oder könnte.

Wenn wir positiv sind, fliegen uns Freunde zu. Andere arbeiten lieber und besser mit uns zusammen. Weil unser Zustand unser Verhalten beeinflusst und unser Verhalten die Resultate – also auch unsere Erfolgschancen.

Wunschdenken bringt nichts. Aber mit Realitätssinn erleben wir, dass wir letztlich doch alles in der Hand haben – all unsere Entscheidungen, die unser Schicksal bestimmen.

Das Prinzip »Love it, leave it or change it«

Wir können, wenn wir wirklich wollen, jede Situation ändern. Denn wir können in jeder Situation zumindest aus diesen drei Möglichkeiten wählen: Love it, leave it, change it.

- Verändere, was dir nicht gefällt (change it).
- Lass doch, was dir nicht passt. Verlasse das Spielfeld, die Situation, wenn sie dir nicht gefällt (leave it).
- Liebe das, was du tust (love it).

Wer seine Einstellung ändert, verändert sein Verhalten. Wer sein Verhalten ändert, verändert seine Einstellung.

Erfolg kommt von Er-Folgen

Egal in welcher Epoche und unabhängig von ihrer Religion haben so viele schlaue Köpfe, Denker und Philosophen immer diese eine Lebenserfahrung formuliert: Was wir im Leben geben, kriegen wir zurück. Nicht immer sofort und auch nicht immer in derselben »Währung«. Dieses sogenannte Kausalitätsgesetz, das in den Wissenschaften unstrittig ist, gilt ebenso für den Job, für unsere Beziehungen, für Familie, Freundschaften, Partnerschaften. Ein unbekannter Dichter fasste dieses urmenschliche Phänomen von Ursache und Wirkung in schöne Worte: Die Gesetze des Lebens.

Die Gesetze des Lebens

Je großzügiger wir sind, umso fröhlicher werden wir.

Je begeisterter wir sind, umso geschätzter werden wir.

Je interessierter wir sind, umso lebendiger werden wir.

Je tatkräftiger wir sind, umso erfolgreicher werden wir.

Je geselliger wir sind, umso hilfreicher werden wir.

Je beharrlicher wir sind, umso erfolgreicher werden wir.

Je dankbarer wir sind, umso frommer werden wir.

Je mehr wir vergeben können, umso freier werden wir.

Je wissbegieriger wir sind, umso kreativer werden wir.

Je vertrauensvoller wir sind, umso weiser werden wir.

Je geduldiger wir sind, umso verständnisvoller werden wir.

Je aufmerksamer wir sind, umso ruhiger werden wir.

Je fröhlicher wir sind, umso attraktiver werden wir.

Was ist das für eine geheimnisvolle Kraft, die Menschen vorwärtsträgt, ihnen Wohlstand und Glück bringt – während andere nie eine Chance haben? Was verleiht den einen große persönliche Macht – während andere ewige Träumer bleiben? Warum können manche im rauen Alltag immer ihre Probleme lösen und ihre Wünsche erfüllen – während sich andere stets vergeblich abmühen? Was also zeichnet die Erfolgreichen aus? Welche Denke haben sie?

»Du bist heute das Ergebnis dessen, was du gestern gedacht hast.«

Buddha

Erfolgsformel positives Denken

Wenn wir traurige Gedanken denken, machen diese uns traurig. Wenn wir ängstliche Gedanken denken, werden wir ängstlich. Wir haben gewissermaßen einen Magneten im Bauch. Wenn wir weinerlich, depressiv oder gleichgültig sind, ziehen wir wahrscheinlich auch weinerliche, depressive oder gleichgültige Menschen an. Wenn wir ans Scheitern denken, werden wir wahrscheinlich scheitern. Wenn wir uns von Selbstmitleid beherrschen lassen, werden wir unweigerlich einsam, weil uns andere meiden – und das wird den Pegel unseres Selbstmitleids nur noch weiter erhöhen.

»Mach immer weiter. Gib nie auf. Das war die Maxime der meisten, die Erfolge hatten. Es gibt Rückschläge. Das Wichtigste ist, sie zu überwinden. Wenn dir das gelingt, gehört die Welt dir.«

Dale Carnegie, Erfolgsautor

»Denke erfolgreich und du hast Erfolg«

»Denke glückliche Gedanken und du wirst glücklich. Denke erfolgreiche Gedanken und du wirst Erfolg haben« – mit solchen Gedanken wurde Dale Carnegie unsterblich – und erfolgreich. Sein prominentester Schüler übrigens: Topmanager Lee Iacocca, seinerzeit bei Ford gefeuert, der später – gestärkt durch Carnegies positive Polung – die Kraft, Fantasie und Energie entwickeln konnte, um den maroden Autokonzern Chrysler zu retten.

Dale Carnegies Grundsätze für erfolgreiches menschliches Zusammenleben sind zeitlos und sicher für viele Menschen auch hilfreich: Sie geben Trost und nehmen den Druck. Vorläufig. Doch Vorsicht: Sorgen lösen sich nun mal nicht allein durch den Appell »Sorge dich nicht« in nichts auf.

Die Erfolgsgrundsätze des Dale Carnegie
Erkenne die eigenen Qualitäten – das ist der erste Schritt zum Erfolg.
Zeige echtes Interesse an anderen Menschen.
Spende echte Anerkennung und echtes Lob.
Sieh die Dinge immer auch aus der Sicht des anderen.
Niemand ist überzeugender als ein guter Zuhörer.
Behandle andere so, wie du behandelt werden möchtest.
Sei der Erste, der Fehler einräumt, und der Letzte, der Kritik übt: Vor allem aber sei konstruktiv.
Verliere nie die Übersicht. Sieh das Wesentliche.
Lebe von Tag zu Tag. Richte deine Energie, deine Aufmerksamkeit, dein Streben auf das, was zählt: auf das Heute.
Sorge dich nicht, lebe!

Warum positives Denken allein nicht reicht

»Denke an Erfolg, stelle dir Erfolg vor und du wirst die machtvolle Kraft eines solchen Wunsches in Bewegung setzen. Wenn Vorstellungskraft und Überzeugung intensiv genug sind, dann vermagst du tatsächlich

Bedingungen und Umstände zu bestimmen«, ermunterte Norman Vincent Peale, der Urvater des positiven Denkens. An seinem Prinzip ist was dran. Denn bekanntlich kann der Glaube Berge versetzen. Und sicher müssen wir auch fest an den Erfolg glauben, wenn wir erfolgreich sein wollen. Aber positives Denken, also sich nur ein positives Ergebnis vorzustellen, reicht nicht aus.
Ich muss unter anderem auch folgende Dinge tun:

- Selbstkritisch sein
- Schwächen managen
- Stärken stärken
- Die eigene Leistung konstruktiv bewerten
- Lösungen suchen
- Ein Konzept entwickeln
- Den Weg zum Ziel erkennen
- Ins Handeln kommen
- Hart arbeiten und dranbleiben

Positives Denken verleitet zum Alles-wird-gut-Fatalismus. Anders produktives Denken. Da habe ich Bodenkontakt, mir ist klar: Träume ohne Arbeit und Anstrengung bleiben bloß Träume. Und: Ich habe mein Leben wirklich selbst in der Hand.

Produktives Denken

Unsere innere Einstellung ist der Schlüssel zum Erfolg. Selbstkritisch sein heißt nicht negativ sein. Negative Gedanken (»Ich kann sowieso nichts ändern«, »Ich Pechvogel«, »Immer ist alles gegen mich«) wirken selbstredend leistungshemmend. Wir müssen uns davon befreien. Wir müssen negative Gedanken ersetzen (»Das geht wahrscheinlich wieder voll daneben«) durch produktive Gedanken ersetzen: »Das ist jetzt eine gute Gelegenheit, da kann ich zeigen ...«

Ein Beispiel: Es geht dir schlecht. Weder selbstmitleidiges Wehklagen (»Warum geht es bloß immer mir so schlecht?«) noch positives Denken (»Sicher scheint bald wieder die Sonne«) ändern etwas an der momentanen Situation. Gefragt ist jetzt produktives Denken: »Was kann ich tun, damit es mir bald besser geht?« Und: »Was muss ich als Erstes tun, damit es mir bald besser geht?« – Nur dann kommst du auch wirklich ins Handeln. Und das ist entscheidend.

Die Erfolgsstrategien von erfolgreichen Menschen

Gewiss, der Erfolg entwickelt irgendwann eine Art Eigendynamik. Allerdings ist Erfolg kein Zufall, sondern vor allem eines, nämlich harte Arbeit und eiserne Kondition. »Ich habe in meiner Karriere über 9000 Würfe verfehlt und beinahe 300 Spiele verloren. Ich bin immer und immer wieder in meinem Leben gescheitert. Und das ist der Grund, warum ich gewinne.«, lautet Michael Jordans Erfolgsrezept, dem wohl erfolgreichsten Basketballer aller Zeiten. Auch Fußballgott Christiano Ronaldo ist sich sicher: »Talent ist nicht alles. Du kannst schon in der Wiege alles mit auf den Weg bekommen haben, aber du musst lernen, dich wie der Beste zu verhalten.«

»Bedeutende Leistungen werden nur von bedeutenden Menschen erreicht; und bedeutend ist jemand dann, wenn er fest entschlossen ist, es zu sein.«

Charles de Gaulle, französischer Staatsmann

Christiano Ronaldo lebt nach dem Motto: »Wir wollen nicht über unsere Träume erzählen. Wir wollen sie in Erfüllung gehen lassen.«

Erfolgsmethoden übernehmen

Erfolg ist, wie gesagt, kein Schloss mit sieben Siegeln. Die Schlüsse zum Erfolg sind für jeden greifbar. Wir können Erfolg fassen, wenn wir uns anschauen, was erfolgreiche Menschen tun. Wir können es ebenso tun. Wir können es nachmachen – auf unsere Weise. Wir können dann, Talent vorausgesetzt, zu ähnlichen Resultaten kommen. Alle Erfolgstrainer empfehlen diesen Weg übrigens unisono: Studiere die bewährten Erfolgsmethoden, nimm dir ein Beispiel und übernimm (wenigstens teilweise) deren Strategien, die sich nun mal bewährt haben.

Alle erfolgreichen Menschen sind außerordentlich aktiv

Im Zweifelsfall nicht länger zögern – handle sofort! Was passiert denn, wenn du weiterhin untätig bleibst? Nichts. Gar nichts von dem, was du willst. Trägheit und »Aufschieberitis« sind die größten Erfolgsverhinderer. Nur durch deinen ersten Schritt, durch deine Initiative und Aktion, durch deine Energie setzt du etwas in Gang. Du wirst Feedback erhalten. Feedback stärkt deine Motivation, die Begeisterung, das Selbstvertrauen – und all das erzeugt natürlich Rückenwind für mehr Aktivität.

> *»Ich messe den Erfolg nicht an meinen Siegen, sondern ob ich jedes Jahr besser werde.«*
>
> Tiger Woods, Profigolfer

Alle erfolgreichen Menschen geben immer ihr Bestes

Erinnere dich an das Erfolgsrezeptzitat von Milliardär Paul Getty, der als Erfolgsrezept empfahl: »Sich mehr anstrengen!« Ehrgeiz und die Macht des entscheidenden Wollens lassen keine halben Sachen zu. Bestleistungen sind nur möglich, wenn du immer das Beste gibst, wenn du das Beste aus jeder Situation machst. Vielleicht tröstlich: »The Winning Edge« (Der entscheidende Vorsprung), eine dieser amerikanischen Managementtheorien, fokussiert den kleinen Unterschied und die großen Folgen. Die Besten ihres Faches sind nämlich alle nur ein klein bisschen besser als der Durchschnitt. Also mache dir stets aufs Neue klar: Drei bis fünf Prozent besser zu sein, ist entscheidend für den Erfolg.

> *»Wer aufhört, besser zu werden, hat aufgehört, gut zu sein.«*
>
> Philipp Rosenthal, Unternehmer

Alle erfolgreichen Menschen sehen Probleme als Chance

Keiner hat gerne Probleme. Aber Probleme sind nun mal ein unangenehmer, unvermeidlicher Teil des Lebens, eine Quelle der Unzufriedenheit. Probleme sind Hindernisse auf dem Weg zum Ziel.

Also: Take it easy, but take it! Denn wir können vor Problemen nicht weglaufen. Fest steht: Wir Menschen wachsen an unseren Widerständen. Wir können Probleme konstruktiv anpacken.

Betrachte Probleme aus der positiven Perspektive:

- Was will mir das Leben durch dieses Problem sagen?
- Was kann ich tun, um mein Problem zu lösen?
- Was muss ich tun, um mein Problem zu lösen?
- Wen könnte ich um Hilfe bitten?

Alle erfolgreichen Menschen wollen einzigartig sein

Was kannst du besser als andere? Was kannst du exzellent? Was hast du zu bieten, was andere nicht bieten können? Wenn es um die Platzierung eines neuen Produkts geht, fragen Werbeleute sofort nach dem USP (Unique Selling Proposition), dem einzigartigen Verkaufsargument. Tatsächlich sind Erfolgreiche mindestens in einer Sache einzigartig.

- Was also ist dein spezieller Wettbewerbsvorteil?
- Welcher könnte es sein – falls du noch nichts anführen kannst?
- Welches sind deine natürlichen Fähigkeiten und Talente?
- Woran könntest du ab sofort arbeiten – und zwar konsequent?

Alle erfolgreichen Menschen entwickeln sich ständig weiter

Wissen ist wertvoll, Wissen ist potenzielle Macht. Je mehr du weißt, je mehr du dazulernst, umso mehr entwickelst du deine persönlichen Fähigkeiten, umso mehr wächst dein Selbstvertrauen – und dein Marktwert. Erfolgreiche Menschen sind daher offen für Neues und für

Veränderungen. Sie haben immer ein offenes Ohr für neue Informationen und neue Ideen. Sie kleben nicht an alten Vorstellungen. Durch die ständige Weiterentwicklung lernen wir auch auf unbewusster Ebene, dass wir keine Angst vor Veränderungen und neuen Situationen haben müssen. Wir sind davon überzeugt, dass wir uns entsprechend verbessern können, um all das erfolgreich zu meistern, was vor uns liegt.

Alle erfolgreichen Menschen tun das gern, was sie tun

Alles, was wir tun, sollten wir gern tun, denn was wir mit Freude machen, fällt leichter. Und was leichter fällt, wird auch besser. Kann ein Lehrer ein guter Lehrer sein, wenn er seinen Beruf mit einer Egal-Einstellung ausübt? Kann ein Schüler mit derselben Einstellung jemals ein guter Schüler werden? Können wir gute Eltern sein, können wir mit unserem Partner gut auskommen, können wir gut im Job sein – können wir also erfolgreich sein, wenn es an unserer inneren Einstellung hapert? Nein!

Alles ist Einstellungssache. Wir können wählen, was wir wollen. Und wir sollten wollen, was wir gewählt haben. Es kommt immer auf die Perspektive an. Und die ist von unserer Einstellung abhängig. Es ist vor allem die Einstellung, die Menschen zu Gewinnern macht.

Erfolgsfaktor Einsatzfreude

Es gibt da eine kleine Geschichte über den Bau des Kölner Doms, die Olaf Henkel, Publizist und Politiker, gern zum Besten gibt: Da arbeiten also drei Steinmetzen am Fuße eines mächtigen Bauwerks, alle hatten den gleichen Job. Der Erste blickte grimmig. Der Zweite normal. Der Dritte war richtig gut drauf.
Man fragte den Ersten: »Was machst du da?«
»Ich muss hier mein Brot verdienen.«

»Finde, was du liebst. Das gilt sowohl für die Liebe als auch für die Arbeit. Und der einzige Weg, um wirklich zufrieden zu sein, ist etwas zu tun, von dem du überzeugt bist, dass es eine großartige Arbeit ist. Und der einzige Weg, eine großartige Arbeit zu machen, ist zu tun, was du liebst. Wenn du es noch nicht gefunden hast: Suche weiter! Wenn du es gefunden hast, wirst du es mit jedem Schlag deines Herzens spüren.«

Steve Jobs,
Mitbegründer von Apple

Der Zweite sagte: »Ich behaue einen Stein.«
Der Dritte antwortete: »Ich arbeite am Kölner Dom.«
Es ist wohl klar, wer von den dreien besonders verantwortungsbewusst und gut arbeitete, wer die meiste Energie hatte, wer am wenigsten krankfeierte, wer glücklicher war, wer die besten Resultate – und unweigerlich Erfolge erzielte.

»Die größte Entscheidung deines Lebens liegt darin, dass du dein Leben ändern kannst, indem du deine Geisteshaltung änderst.«

Albert Schweitzer,
Arzt und Philosoph

Was Erfolgsintelligenz ist

Zwei Jungen spielen im Wald. Den einen halten die Lehrer für gescheit. Er hat gute Noten in der Schule. Der andere Junge wird als weniger intelligent eingeschätzt. Er hat keine guten Zeugnisse, man sagt ihm aber eine gewisse Schlauheit nach. Die beiden schlendern also durch den Wald, stehen plötzlich vor einem Problem. Das Problem steht auf zwei Beinen, ist mehr als mannshoch und nicht mehr weit weg: ein Bär. Der Bär wirkt hungrig und stürmt sofort auf sie los. Die beiden Jungs rennen also um ihr Leben. Der erste rechnet sich aus, dass sie der Bär in etwa 30 Sekunden eingeholt haben wird, und gerät in Panik. Verzweifelt schaut er zu seinem Kumpel hinüber. Was macht der? Der zieht erst mal seine klobigen Schuhe aus.

Je besser unsere Erfolgsintelligenz entwickelt ist, umso mehr können wir unsere Stärken nutzen, die Schwächen ausgleichen und aus unseren Fähigkeiten das Beste machen.

»Was machst du da, bist du wahnsinnig«, schreit der erste Junge, »wir können doch wohl unmöglich schneller laufen als der Bär.«
»Richtig«, antwortet der zweite Junge, »aber ich muss gar nicht schneller laufen als der Bär, ich muss nur schneller sein als du.«

Mit dieser kleinen Story würzt der Yale-Intelligenzforscher Robert J. Sternberg gern auf anschauliche Art eine wichtige Fähigkeit, die er »Erfolgsintelligenz« nennt. Beide Jungs sind intelligent, aber ganz unterschiedlich. Der erste hat das Problem rasch analysiert, aber das nützt ihm nichts. Denn ana-

Die zehn Gemeinsamkeiten von Supererfolgreichen

Was machen sehr, sehr erfolgreiche Menschen anders?
Was macht sie so anders? Glück oder ein besonders glückliches Händchen?

Execu-Time Newsletter, ein amerikanischer Insiderdienst für Manager, listete ihr Topqualitäten und Erfolgsgeheimnisse auf:

Sie lieben das, was sie tun. Wenn sie nochmals am Anfang ihrer Karriere stünden, würden sie sich wieder für denselben Weg entscheiden.

Sie stellen den Beruf über ihre Hobbys. In ihrer Freizeit beschäftigen sie sich am liebsten mit Weiterentwicklung.

Sie sind gesellschaftlich aktiv. Wenn sie auf einer Party niemanden kennen, machen sie sich eben selbst bekannt.

Sie sind Optimisten mit einer Alles-ist-machbar-Einstellung.

Sie leben gesund, sie feiern selten krank.

Sie waren als Kinder keine Engel. Sie waren Anführertypen, häufig frech.

Sie können sich im Allgemeinen gut konzentrieren und im Besonderen auf eine Sache.

Sie verlassen sich bei Entscheidungen auf ihre Intuition, aber vorher sammeln sie solide Informationen.

Sie kennen Leute aus allen gesellschaftlichen Schichten und pflegen nützliche Kontakte.

Sie verlieren sich nicht in Details, sie behalten immer das große Ganze im Auge.

»Nichts auf der Welt ist erfolgreicher als das Einmalige. Das kann für den Einzelnen nur heißen: Sei du selbst, unverwechselbar, einzigartig. Tue nur, was du absolut erstklassig kannst, wo dein Talent wie eine Sonne leuchtet. Unterlasse alles, worin du nur zweitklassig bist. Heraus aus dem Mainstream! Von ›Me-too‹-Produkten haben wir überall genug. Erfolg ist immer so einmalig wie der Mensch, der ihn anstrebt.«

Reinhard K. Sprenger, Autor

lytische Intelligenz allein – das ist in diesem Fall ein gefundenes Fressen für den Bären. Der zweite Junge hat das Problem erkannt und zusätzlich eine kreative und praktische Lösung gefunden. Er hat Erfolgsintelligenz an den Tag gelegt.

Das Gefühl für Maß und richtigen Zeitpunkt

Was lernen wir daraus? Der Erfolg erfordert vor allem den Einsatz kreativer und praktischer Fertigkeiten. Wissen, Können, Kreativität, emotionale Intelligenz – all das sind noch keine Garantien. Wir können unsere Fähigkeiten erst dann wirksam einsetzen, wenn wir auch »erfolgsintelligent« sind. Erfolgsintelligenz bedeutet: das Gefühl für den richtigen Zeitpunkt, das richtige Maß und auch Diplomatie.

- Analytische Intelligenz,
  um ein Problem zu durchdenken.
- Kreative Intelligenz,
  um eine Lösung zu entwickeln.
- Praktische Intelligenz,
  um eine Lösung zu verwirklichen.

Die wichtigsten Tugenden des Erfolgs

Arbeitswille

»Übung macht den Meister!« Noch so ein altkluges Sprichwort – aber es stimmt nun mal. Bist du Tennis- oder Golfspieler, spielst du ein Instrument? Dann hast du deine Lektion ja schon gelernt: Keine Fertigkeit fällt uns einfach so in den Schoß. Selbst Ausnahmetalente müssen trainieren – und zwar täglich mehrere Stunden. Die besten Beispiele sind Sportler, Schauspieler und Musiker. Ohne Arbeit und Anstrengung kein Erfolg. Michelangelo sagte einmal: »Wenn die Menschen wüssten, wie sehr meine Kunst auch Arbeit ist, würde meine Kunst sicher nicht mehr so wundervoll erscheinen.«

Beharrlichkeit

Der Autor Stephen King begann Horrorstorys zu schreiben, weil er als Lehrer keinen Job fand. Er verdiente sein Geld als Tankwart, Bügler – und schrieb. Niemand wollte seine Texte drucken. Selbstmitleid, Suff – aber er schrieb immer weiter. Erst sein fünfter Roman (»Carrie«) wurde – nach Absagen bei 30 Verlagen – gedruckt. So leidvoll begann die Karriere des Stephen King (»Es«, «Shining«, »Sara«). Der junge Walt Disney musste 302 Banken abklappern, ehe man ihm einen Kredit gewährte, damit er »den glücklichsten Ort auf der Welt« erschaffen konnte – Disneyland.

»Nichts auf der Welt kann Beharrlichkeit ersetzen: Talent nicht; nichts ist weiter verbreitet als erfolglose Männer mit Talent; Genialität nicht; das verkannte Genie ist schon fast zum geflügelten Sprichwort geworden; Bildung nicht; diese Welt ist voll von gebildeten Versagern; Beharrlichkeit und Entschlossenheit allein sind ausschlaggebend.«

Calvin Coolidge,
30. US-Präsident

Begeisterungsfähigkeit

Begeisterung ist die positive Kraft der Zuversicht. Begeisterung kommt von innen. Echte Begeisterung ist ansteckend und mitreißend. »Begeisterung erwirbt man, wenn man an das glaubt, was man macht und an sich selbst, wenn man etwas Bestimmtes erreichen möchte«, schrieb Dale Carnegie.

Geduld

Zur Macht der Geduld drei Zitate von drei großen französischen Denkern; »Warten können ist das größte Geheimnis des Erfolgs«, glaubte der Staatsphilosoph Joseph M. de Maistre. »Geduld und Zeit erreichen mehr als Stärke und Leidenschaft«, schrieb Jean de la Fontaine. »Festhalten, bereit sein, ausharren. Geduld ist Genie«, wusste der Naturforscher Georges Louis Buffon.

»Erfolg muss man langsam löffeln, sonst verschluckt man sich an ihm.«

Erika Pluhar,
Künstlerin

Die 16 gefährlichsten Feinde des Erfolgs
1. Das Unvermögen, sich ein klares Ziel zu setzen.
2. Die Neigung, notwendige Entscheidungen hinauszuschieben.
3. Mangelndes Interesse, sich nötige Fachkenntnisse anzueignen.
4. Wankelmut und die Gewohnheit, anderen den schwarzen Peter zuzuschieben, statt selbst Schwierigkeiten zu lösen.
5. Die Gewohnheit, immer neue Ausflüchte zu suchen, statt einen klaren Plan auszuarbeiten.
6. Selbstzufriedenheit: Wer mit dieser Art von Blindheit geschlagen ist, für den gibt es nur geringe Hoffnung.
7. Gleichgültigkeit: Lieber auf alle möglichen Kompromisse einzugehen, als eigene Überzeugungen durchzusetzen.
8. Anderen die Fehler in die Schuhe zu schieben oder sich herauszureden.
9. Mangel an Begeisterung, weil der Beweggrund zu schwach ist.
10. Die Versuchung, gleich die Flinte ins Korn zu werfen.
11. Das Versäumnis, Pläne und Ziele schriftlich festzulegen. Nur schriftlich lässt sich die Planung vervollkommnen.
12. Mangelnde Aufgeschlossenheit gegenüber neuen Ideen oder sich plötzlich bietenden Gelegenheiten.
13. Bloßes Träumen anstelle von aktiver Willenskraft.
14. Die Gewohnheit, sich mit Armut abzufinden, statt nach Reichtum zu streben. Sie entspringt einem Mangel an Ehrgeiz, jemand zu sein, etwas zu tun und etwas zu besitzen.
15. Der Versuch, schnell und mühelos reich zu werden: Viel zu fordern, ohne zu einer Gegenleistung bereit zu sein.
16. Furcht vor Kritik, Meinung und Reaktion lieber Mitmenschen. Die geistige Unselbstständigkeit verhindert jede erfolgreiche Planung. Sie gehört zu unseren gefährlichsten Feinden, da sie sich meist im Unterbewusstsein verbirgt.

Quelle: Napoleon Hill, Denke nach und werde reich

Integrität

»Makellosigkeit, Unbescholtenheit« – so erklärt der Duden das lateinische Fremdwort. Integrität als wichtigste Qualität für ein rundum erfolgreiches Leben! – Das meint jedenfalls der Erfolgstrainer Brian Tracy. Sein Kronzeuge: Aristoteles. Dieser sah Integrität als tragende Basis. Nur ein Leben, das auf Tugendhaftigkeit, auf Ehrlichkeit, Integrität, Mut, Großzügigkeit, Durchhaltevermögen aufbaue, könne gut, glücklich und erfolgreich werden. Nur wer integer sei, bleibe seinen Werten treu.

Intuition

Logisches Denken und konsequentes Handeln reichen nicht immer. Oft muss Intuition hinzukommen – und Instinkt, Vorahnung. Für Sir Terence Conran, den britischen Stararchitekten (Berliner Reichstag), ist Intuition die Fähigkeit, Unterschwelliges, Tendenzen, Veränderungen, Erkenntnisse, Erfahrungen zu nutzen und zu etwas Neuem – aber nicht komplett Neuem – zusammenfügen.

Mut

»Wer wagt, gewinnt!« – Sagt dir der Name Gerhard Schmid aus Schleswig etwas? Dieser Mann hatte den Mut, sich total auf eine Sache einzulassen, ohne Garantie auf Erfolg. Schmid ist inzwischen Milliardär. Er war Eishockeyspieler, Marketingmann (u.a. Hutschenreuther, Sixt). Eines Tages kündigte er seinen sicheren Vorstandsposten, um die eigene Telefongesellschaft Mobilcom zu gründen. Mit mutigen und genialen Marketingideen trat der Gründer, ehemalige Chef und Mehrheitsaktionär gegen die Telekom an – mit gewaltigem Erfolg. Mut heißt auch, der Gefahr zu trotzen, obwohl einem die Knie schlottern ...

»Erfolg ist ein Weg, kein Ziel. Materielle Fülle ist nur eines jener Dinge, die diesen Weg erfreulicher machen. Aber zum Erfolg gehören auch Gesundheit, Energie, Lebensfreude, erfüllende Beziehungen, kreative Freiheit, emotionale und seelische Stabilität, Wohlbefinden und Seelenfrieden.«

Deepak Chopra,
Autor

»Es ist besser, einen Tag als Tiger gelebt zu haben, als tausend Jahre lang als Schaf.«

Tibetanisches Sprichwort

Risikobereitschaft

»Wenn man Erfolg haben will oder ein interessantes Leben führen will, muss man risikobereit sein. Man kann natürlich auch sein ganzes Leben lang seinen verpassten Chancen hinterherjammern: Hätte ich doch nur das und das gemacht. Du hast deine Zeit vergeudet, wenn du es nicht getan hast.« So bilanzierte Malcom Forbes, erfolgreicher Verleger, Wirtschaftsmagnat, Multimillionär und Abenteurer, sein Leben. Und: »Risiko ist die Bugwelle des Erfolgs.« Dieser schöne Satz stammt von dem Schriftsteller Carl Amery.

»Hinter dem Ofen wachsen keine Lorbeeren.«

Selbstdisziplin

Sie ist der Schlüssel zur Selbstkontrolle und zur Macht über sich selbst. Selbstdisziplin ist die Fähigkeit, den eigenen Willen, die Gedanken und das Verhalten zu kontrollieren. Nur mit hinreichend Selbstdisziplin tun wir alles, was für den Erfolg zu tun ist – und tun es auch dann, wenn wir uns nicht danach fühlen. Statement der Tennislegende Steffi Graf: »Viele Mädchen haben das Zeug zu einer großen Tenniskarriere, aber nur wenige haben die Selbstdisziplin, die dazu nötig ist.«

Disziplin und Teamwork: Im Sport zeigt sich unmittelbar, welche Tugenden für den Erfolg besonders wichtig sind.

Wille

Der stärkste Motor ist unsere Willenskraft. Der Wille ist ein Art Machtzentrum in der menschlichen Seele, das unglaubliche Tatkraft und Triebstärke freisetzen kann. Voraussetzung auch: eine klare Vorstellung und der Glaube an die eigenen Fähigkeiten. Schiller legte seinem Wallenstein in den Mund: »Den Menschen macht sein Wille groß und klein.« Das entschiedene Wollen, etwas umzusetzen, drückt sich in unserer Sprache aus: »Eiserner Wille«. Und sicher kennst du auch den Spruch: »Wo ein Wille ist, ist auch ein Weg.«

> *»Der kürzeste Weg, ein Ziel zu erreichen, führt oft über Umwege.«*
>
> Malcolm Forbes,
> Unternehmer

Zuversicht

Optimismus ist ein wesentliches Charaktermerkmal von erfolgreichen Menschen. Sie zaudern nicht, sie sind überzeugt von sich und ihren Möglichkeiten. Sie sagen sich:

- »Ich habe immer eine Chance.«
- »Ich bin überzeugt, am Ende wird alles gut.«
- »Ich weiß, es kommen immer wieder unerwartete Gelegenheiten, die werde ich erkennen und nutzen.«

Check: Meine persönlichen Erfolgstugenden

› Wo meine Stärken sind:

____

____

› Was ich noch optimieren muss:

____

____

Das Programm
der Jörg Löhr Akademie für ganzheitlichen Lebenserfolg

Das neue Seminarkonzept – Punkt für Punkt dein Vorteil:

- Einmalige Erfahrungen, mit denen du deinem Leben neue Impulse gibst
- Persönlichkeitsentwicklung auf höchstem Niveau
- Knowhow, Inspiration, Motivation!

Hier findest du weitere Informationen:
joerg-loehr.com/seminare

Ich werde sehr häufig gefragt, was mich tagtäglich motiviert und antreibt. Nun, die Antwort hierauf ist sogar relativ einfach: Das sind die zahlreichen Feedbacks meiner Seminarteilnehmer. Sehr gerne möchte ich dir an dieser Stelle die Nachricht von Adela Decker nicht vorenthalten:

Lieber Jörg,
nachdem mein Vater von einem Jörg-Löhr-Seminar begeistert zurückkam und mich und meine Schwester am nächsten Tag sofort für das Seminar ›Erfolgreich LEBEN‹ anmeldete, dachte ich zuerst: ›Naja, mal schauen, was das wieder ist.‹ Ich hatte schon öfter Motivationsseminare besucht, die mich nicht wirklich weitergebracht hatten. Ich war also dementsprechend skeptisch.
Jetzt saß ich also da neben vielen Fremden und wartete, was geschehen würde. Was dann die nächsten 2,5 Tage tatsächlich mit mir passierte, kann ich in Worten eigentlich kaum wiedergeben. Es war eine Reise in mein tiefstes Inneres, welche Gefühle und Emotionen in mir erweckte, mit denen ich niemals gerechnet hatte. Ich sah meine Zukunft vor mir, so klar, als würde ich gerade auf der Couch sitzen und einen Film ansehen. Nur, dass die Hauptakteure ich und meine Familie waren.
Jörg ist ein unfassbar faszinierender Mensch, der die Menschen nicht nur mitreißen kann, sondern in ihr Herz und ihre Seele vordringt. Er bringt einen dazu, zu erkennen, wer man selbst ist und welche Bestimmung man auf dieser Welt hat.
Ich bin zutiefst dankbar für diese Erfahrung und würde jedem empfehlen, in sich zu investieren. Denn jeder Mensch ist einzigartig und wertvoll. Diese Erkenntnis habe ich euch zu verdanken, liebes Jörg Löhr Team …

… Ich komme wieder!
DANKE!
Liebe Grüße, Adela«

Wow! Ein solches Feedback ist für mich Motivation pur, unser Seminarangebot permanent weiterzuentwickeln, um Menschen wie Adela und dir die besten Erfolgswerkzeuge an die Hand geben zu können. Mein oberstes Ziel ist dein persönlicher Erfolg – egal ob im Bereich Business, Privatleben, Fitness, Führen oder Rhetorik. Komm sehr gerne auf mein Team oder mich zu. Ich freue mich, wenn wir uns persönlich kennenlernen.

Kapitel 2

DIE GANZ GEMEINEN FESSELN DES ERFOLGS

Klar, jeder möchte gern erfolgreich sein. Jeder kann selbst entscheiden, was er aus seinem Leben macht. Und jeder könnte auch, wie im vorigen Kapitel beschrieben, erfolgreich sein. Wir haben alle Voraussetzungen in uns, die für den Erfolg wichtig sind. Sie sind nicht immer voll entwickelt, aber sie sind da.

Was also hält uns dann bloß zurück? Was also blockiert uns? Vermutlich bist du (unfreiwillig) auch schon mal mit angezogener Handbremse Auto gefahren? Wie war das? Sicher hast du dich zunächst gewundert, dass dein Auto nicht so flott vorankam wie sonst. Okay, und dann bemerktest du das Malheur.

»Erfolg ist ein Gesetz der Serie, und Misserfolge sind Zwischenergebnisse. Wer weitermacht, kann gar nicht verhindern, dass er irgendwann auch Erfolg hat.«

Thomas A. Edison,
Erfinder und Entdecker

Was hast du getan, um schneller fahren zu können? Hast du einfach ohne Rücksicht auf Verluste Gas gegeben? Hast du womöglich sogar riskiert, dass dein Auto überhitzt und kaputtgeht? Oder hast du einfach nur die Handbremse gelöst?

Unsere emotionalen Bremsen

Das Bild mit der angezogenen Handbremse trifft leider vielfach auch auf unser Leben zu. Denn wir sind – der eine mehr, der andere weniger – alle mit emotionalen Bremsen ausgestattet, die unsere Reisegeschwindigkeit und Reichweite – sprich: unsere Möglichkeiten, unseren Erfolg – beschränken.

Am meisten bremsen uns Unentschlossenheit, Zweifel und Angst, aber auch Bequemlichkeit, Minderwertigkeitsgefühle, Gewohnheit und falsche Rücksicht. Indes: Wir können sie lösen, diese Bremsen. Unter zwei Bedingungen:

- Wir müssen die Erfolgsbremsen erst mal erkennen.
- Wir müssen die Erfolgsbremsen vor uns selbst zugeben.

»Hallo, mein Name ist Joschka. Ich habe das Gymnasium abgebrochen, die Lehre geschmissen und bin bei Opel rausgeflogen. Jetzt bin ich Außenminister.«

Geplanter Werbespot für den ehemaligen Außenminister Joschka Fischer

Wenn es im Leben nicht optimal läuft, ist es immer verlockend, einfach anderen die Schuld zuzuschieben – oder den ungünstigen Umständen – oder dem mangelnden Glück. Viele flüchten sich nur zu gern in die Rolle eines Opfers. Dabei sind sie eher Patienten. Und zwar von einer enorm weit verbreiteten Krankheit, die man »Ausfluchtitis« nennen könnte.

Erfolgsfalle Ausreden

Ausreden sind beliebt, bequem – und sicher auch menschlich. Denn oftmals helfen sie, halbwegs das Gesicht zu wahren. Mal ehrlich, hast du nicht auch schon mal solche oder ähnliche Entschuldigungen vorgeschoben:

- »Ich bin noch zu jung.«
- »Ich bin schon zu alt.«
- »Ich habe keine Kontakte.«
- »Ich kann eben nicht so aus meiner Haut.«
- »Wenn doch die allgemeine Wirtschaftslage einfacher wäre ...«
- »Wenn ich genug Geld hätte ...«
- »Wenn ich mehr Zeit hätte ...«

Ausflüchte sind Alibis

Wenn, wenn, wenn. Ausflüchte sind wie wunderbare Hintertürchen. Aber vor allem sind sie ganz gemeine und gefährliche Fallen, in denen sich viele selbst gefangen halten. Wer immer anderen oder den unglücklichen Umständen die Schuld zuweist, macht es sich leicht, zu leicht. Er verschafft sich nämlich ein Alibi, er muss sich nicht ändern. Also wird sich nichts ändern – alles bleibt beim Alten.

Dein Leben ist aber zu wichtig, um es dem Zufall zu überlassen. Du kannst manchmal die Umstände nicht ändern, aber dich selbst. Veränderungen sind immer die notwendige Voraussetzung für eine Trendwende zum Besseren.

> *»Man weiß nie, wozu man fähig ist – bis man es probiert.«*
>
> Hubert Schwarz, Extremsportler

Von nichts kommt nichts

Fest steht: Es gibt jede Menge Möglichkeiten, erfolglos zu bleiben. Die erfolgreichste Methode ist: einfach nichts zu tun. Es gibt da eine kluge Einsicht, die von Georg Christoph Lichtenberg stammt, einem schillernden Zeitgenossen von Goethe: »Ob es besser wird, wenn es anders wird, weiß ich nicht, dass es aber anders werden muss, wenn es besser werden soll, weiß ich!«

Der erste Schritt: Du musst die Verantwortung für das, was du tust und was du unterlässt, übernehmen. Also auch für Misserfolge. Entscheidend: Erlaube dir keine Ausreden mehr.

Erfolgsfalle Unentschlossenheit

Misstrauen und die Angst vor Veränderung sind weit verbreitet. Weil Veränderungen meist etwas Unheimliches haben, können sich Unentschlossene einfach nicht zum Handeln entschließen. Sie lassen unbefriedigende Zustände, wie sie sind. Motto, getreu dem Volksmund: »Lieber einen Spatz in der Hand als die Taube auf dem Dach.«

Kommen dir folgende Floskeln der Unentschlossenheit bekannt vor?

- »Ich könnte ja mal …«
- »Ich müsste eigentlich …«
- »Ich sollte vielleicht …«

Könnte, hätte, müsste, sollte. In einer Lebensbilanz können dies die traurigsten Worte werden. Denn ein Unentschlossener kommt oft zu spät. Und wer zu spät kommt, den bestraft bekanntlich das Leben. Unentschlossene räumen immer wieder unfreiwillig freiwillig ihren

Fahrersitz und überlassen anderen ihr Steuer. Unentschlossenheit kommt in mehreren Tarnfarben vor:

- Zweifel
- Zaudern
- Übergroße Besorgtheit (»Ich bin nicht ganz sicher ...«)
- Übertriebene Vorsicht (»Ich müsste noch mal prüfen ...«)

Halbherzigkeiten bringen nicht einmal halben Erfolg

Unsere Sprache ist verräterisch, sie entlarvt unsere innere Einstellung. In der Möglichkeitsform (»Ich könnte ja mal ...«) offenbaren wir unsere Halbherzigkeit. Doch Halbherzigkeiten (»Na gut, ich kann es ja mal probieren ...«) bringen nicht etwa halben Erfolg, sondern gar keinen Erfolg, weil unsere Gedanken unterbewusst schon auf Misserfolg (» ... aber ich glaube nicht so recht daran ...«) programmiert sind. Auch die vollendete Vergangenheit (»Ich hätte das und das tun sollen ... «) ändert nichts mehr an Gegenwart und Zukunft. Wer in den Kategorien »ich sollte« oder »man sollte« denkt, wird weiterhin auf der Stelle treten, weil solche Formulierungen so schön nichtssagend sind – sie verpflichten zu nichts.

»Man muss sich bedingungslos einsetzen, wenn man etwas will. Egal, wenn man sich Schrammen dabei holt.«

Eva Habermann, Schauspielerin

Vielleicht überzeugt dich eine einfache Rechnung: Wenn du handelst, stehen deine Chancen ungefähr fifty-fifty, das zu erreichen, was du anstrebst. Wenn du nichts als vage Absichten (»Ich sollte ... «) äußerst, sind deine Chancen gleich null.

Der zweite Schritt: Du solltest, nein, du musst »sollte« aus deinem aktiven Wortschatz streichen und durch »Ich packe das jetzt an!« ersetzen. Entscheide dich ohne Wenn und Aber. Komm ins Handeln – am besten sofort.

Das »Ja-aber«-Syndrom

»Ja, ich weiß, es ist wichtig und ich werde es auch erledigen, aber nicht jetzt.« Dann, wenn dies oder das geschehen ist. Wir wissen alle, was das im Klartext heißt: wahrscheinlich nie. »Ja, aber ... « ist mehr als eine sprachliche Schlampigkeit. »Ja-aber«-Menschen schieben die Dinge gern hinaus. Sie mögen ja clever und erfinderisch sein, diese »Ja-aber«-Menschen, aber sie sind es nur im Erfinden von Entschuldigungen. Eine Fähigkeit, die nichts bringt. Hundert Entschuldigungen haben weniger Wert als eine einzige Handlung.

Mit jedem »Ja, aber ...« wird Verantwortung abgewälzt. Wer Angst vor einem klipp und klaren »Nein« hat, weicht oft auf das freundlichere »Ja, aber ...« aus. Das vermeidet direkte Konfrontation. Aber gleichzeitig ist jedes »Ja, aber« auch ein »Ich-kann-nichts-tun«-Eingeständnis. Mit dieser Einstellung kommst du niemals wirklich ins Handeln. Und gerade darauf kommt es an.

Der dritte Schritt: Verändere deine Perspektive, wandele das ausweichende »Ja, aber...« in ein verbindliches »Ja, und ...« um. Von wegen: »Ja, ich will das ja gern tun, aber im Moment ...« Sondern: »Ja, ich werde das jetzt tun!«

> *»Der Geist des Menschen ist wie ein Fallschirm: Er funktioniert nur, wenn er offen ist.«*
>
> Thomas Dewar, schottischer Whiskybrenner

Die Dressur zu Mittelmäßigkeit

Es gibt da einen klasse Comicstrip. Sagt der Vater zu seinem Sohn: »Junge, lach doch mal. Dies sind doch die schönsten Jahre deines Lebens.« Antwortet der Kleine: »Soll das heißen, alles wird noch schlimmer?« Von wegen, unbeschwerte Kindheit. Lauter einschränkende Meckereien: »Das tut man doch nicht. Was könnten denn da die anderen denken. Wo kämen wir denn hin, wenn das alle täten!«

Klingelt es da in deinen Ohren? Vielleicht sind solche elterlichen Programme wirklich gut gemeint. Aber wer kennt sie wirklich, die Spätfolgen einer Erziehung, die sich vor allem an konservativen Werten orientiert? Bloß immer anständig sein, höflich und nett. Bloß nicht anecken Bloß nicht auffallen. Bloß nicht zu viel riskieren. Bloß nicht aus dem Rahmen des Üblichen fallen. Das alles heißt dann so schön »gesellschaftliche Konventionen«.

Das Adler-Hühnchen-Syndrom

Wenn Psychologen das Prägende erklären wollen, bemühen sie gerne folgende Geschichte: Zwischen lauter Präriehühnereiern wurde ein Adler ins Nest geschummelt. Alle Küken schlüpften nahezu gleichzeitig aus ihren Eiern, und so kam es, dass der Adler dachte, er wäre, wie die anderen, auch ein Hühnchen. Also lernte er, was Hühner so machen: Er scharrte im Dreck, er rannte wild umher, er gackerte. Er flog aber nie mehr als ein paar Meter, weil die Hühner ja auch nicht weiter fliegen konnten. Eines Tages entdeckte er hoch am Himmel einen großen Vogel, der majestätisch seine Kreise zog. Der kleine Adler fragte eines der Hühner: »Was ist das da oben für ein wunderbarer Vogel?«

»Das ist der König der Vögel, ein Adler. Leider kannst du nicht so fliegen wie ein Adler, weil du nur ein Präriehühnchen bist.« Der Adler glaubte das – und fügte sich weiterhin in sein Präriehühnchenleben. Wie schade um ihn!

Die Selbstzweifelfalle

»Du bist dafür noch eine Nummer zu klein. Denk immer daran, wo du herkommst. Freu dich bloß nicht zu früh – das dicke Ende kommt bestimmt. Den Vogel, der morgens zwitschert, holt abends die Katz!« Ohne, dass uns das vollkommen bewusst wäre, wachsen wir mit solchen oder ähnlichen Leitsätzen und Gedankenmuster auf. Sie beeinflussen unser Denken negativ, sie untergraben das Selbstvertrauen und nähren unsere Selbstzweifel:

- Ich glaube, ich bin dafür nicht gut genug.
- Ich bezweifle, dass ich das hinkriege.
- Ich habe Angst, mich zu blamieren.

Stopp! Viele Selbstzweifel entstehen, weil wir unsere emotionale Intelligenz zu wenig einsetzen, zu wenig auf unsere Intuition und unseren gesunden Menschenverstand vertrauen. Schließlich bestimmten wir unseren Selbstwert selbst. Und zwar dann, wenn wir uns so akzeptieren, wie wir sind – mit allen Schwächen. Dann werden wir in der Regel auch von anderen Menschen akzeptiert.

Selbstvertrauen aufbauen

Selbstvertrauen wächst nicht, wenn es uns nur leicht gemacht wird, wenn uns alle Steine aus dem Weg geräumt werden, wenn wir mit einem Übermaß an Fürsorge überschüttet werden. Selbstvertrauen ist ein Schlüssel, der fast jede Tür öffnet. Selbstvertrauen wächst nur mit der Erfahrung, Dinge anzupacken und sie aus eigener Kraft zu schaffen – und aus Problemen, die wir beiseite geschafft haben. Es kommt also vor allem auf folgende drei Punkte an:

- Krisen bewältigen
- Niederlagen meistern
- Aus Niederlagen lernen

Das Wort Vertrauen steckt im Wort Selbstvertrauen. Erst wenn ich mir selbst vertraue, werden auch andere mir vertrauen.

Alles zum Besten wenden

Also keine Ausreden! Vielleicht hattest du es in der Vergangenheit tatsächlich schwer. Doch es liegt ganz bei dir, du kannst dein Leben jetzt zum Besseren wenden. Voraussetzung: Du musst die volle Verantwortung für dein Leben übernehmen. Also: keine Ausreden mehr!

Erfolgsfalle Kleinmut

»Ich kann nicht!« – das heißt im Klartext: »Ich will nicht.« Viele Menschen setzen sich selbst nur unnötige Grenzen. Du unterschätzt deine Möglichkeiten dramatisch, wenn du dich weiterhin mit deinem »Kleinspielfeld« zufriedengibst:

- Das schaffe ich nie.
- Das ist unmöglich.

In der Natur, unserem wichtigen Lehrmeister, gibt es wunderbare Beispiele, dass nichts unmöglich ist: etwa die Hummel. Dieser plumpe Brummer hat nur eine Tragfläche von 1,45 Quadratzentimetern, wiegt aber rund 4,8 Gramm. Flächenwinkel: 6 Grad. Nach den bekannten Gesetzen der Flugtechnik und Aerodynamik ist es unmöglich, bei diesem

Wenn du tust, was du immer tust, kriegst du das, was du immer kriegst.

physikalischen Verhältnis zu fliegen. Die Hummel weiß das aber nicht. Sie fliegt einfach.

Noch ein aus der Luft gegriffenes Beispiel: Sicher hast du schon Vögel beobachtet und beneidet. Sie entfalten ihre Flüge, heben ab. Sie tun es einfach. Die Kraft zum Fliegen kommt dann beim Fliegen ganz automatisch. Ganz bestimmt! Welche Lektion lässt sich also von Vögeln lernen? Die nötige Power kommt mit dem Handeln. Das scheint ein Naturgesetz zu sein.

Denke groß

Nur durch großzügiges Denken kann man Großes erreichen. Napoleon Hill hat daraus eine Lebenswahrheit formuliert: Was immer der Mensch sich vorzustellen und zu glauben vermag, das kann er auch verwirklichen. Diese Episode ist schon Jahrzehnte alt, aber verbürgt: Der niedersächsische Jurist Gerhard Schröder war einfacher Bundestagsabgeordneter, als er in Bonn eines Nachts am Bundeskanzleramt vorbeikam. Da rüttelte der Neuling an den Gitterstäben und sagte: »Ich will hier rein.« Nichts ist unmöglich – fürwahr!

Tierischer Kraftakt! Die Natur kennt viele Beispiele, dass nichts unmöglich ist – wie diese Ameise zeigt.

»Geduld, Vernunft und Zeit, macht möglich die Unmöglichkeit.« Solche aufbauenden Sinnsprüche schrieben früher Menschen an ihre Haustür. Wie gut, dass sich jetzt auch in unserer Alltagskultur zaghaft verbale Starkmacher durchsetzen: »Tue erst das Notwendige, dann das Mögliche und plötzlich schaffst du auch das Unmögliche«, kann man in der Münchner S-Bahn lesen. Wie wär's denn mit dem Motto: »Geht nicht, gibt's nicht.«

> *»Ich glaube, den meisten ist es nicht klar, dass auch erfolgreiche Menschen Ängste und Selbstzweifel haben und unsicher sind. Aber diese Unsicherheit ist für sie ein motivierender Faktor: Um ihre Ängste zu überwinden, strengen sie sich doppelt an.«*
>
> Sherry Lansing, Filmproduzentin

Erfolgsfalle Angst

Angst und Furcht sind zunächst einmal wichtige, gesunde, normale Gefühle. Angst ist ein uraltes Signal unseres Körpers, das uns vor Gefahren warnen und schützen soll.

Zum Problem wird die Angst allerdings dann, wenn sie scheinbar grundlos das Leben belastet, wenn man die Angst nicht mehr unter Kontrolle hat. Angst lähmt. Angst macht unfähig, die nötige Aktivität zu entwickeln. Wer Angst hat, zieht sich in ein emotionales Gefängnis zurück. Ängstliche Menschen flüchten vor den harten Realitäten, sie wagen sich nicht mehr aus ihrer Komfortzone heraus.

> *»Wer Angst vor Misserfolgen hat, wird niemals wirklich Erfolg haben.«*
>
> Malcom Forbes, Verleger

Immer mehr Menschen leiden unter folgenden Ängsten:

- Angst, nicht gut genug zu sein
- Angst vor unbekannten Situationen
- Angst, falsche Entscheidungen zu treffen
- Angst, Fehler zu machen
- Angst vor Ablehnung
- Angst, selbst zu kurz zu kommen

Nur nicht nach unten sehen! Wer an sich glaubt, bleibt oben.

Furcht lockt den Misserfolg

Bei vielen Menschen ist Furcht der größte Feind des Erfolgs. Was Furcht nicht alles anrichten kann: »Furcht lähmt die Kraft des Verstands, lähmt die Fähigkeit der Imagination, tötet das Selbstvertrauen, untergräbt die Begeisterungsfähigkeit, verhindert jede Initiative, führt zu Unsicherheit in der Planung, unterstützt Verschleppung, löscht allen Enthusiasmus aus und macht Selbstbeherrschung unmöglich. Sie entkleidet jede Persönlichkeit ihres Charmes, zerstört die Möglichkeit sorgfältigen Denkens, knechtet die Beharrlichkeit, verschwendet die Willenskraft an Nichtigkeiten, zersetzt den Ehrgeiz, verdunkelt das Gedächtnis und lockt Misserfolge in jeder nur denkbaren Gestalt an; sie tötet die Liebe, erstickt die edleren Gefühle des Herzens, untergräbt jede Freundschaft und zieht das Unglück in hunderterlei Gestalt herbei, sie verursacht Schlaflosigkeit, Not und Trauer.«

»Nicht aufgeben! Es gibt Rückschläge, aber es gibt keine endgültige Niederlage.«

Evander Holyfield, Boxweltmeister

Moment mal, Angst und Furcht – ist das nicht dasselbe? Nein

- Angst ist eher ein unangenehmes Gefühl (z.B. Angst vor der Zukunft).
- Furcht ist meist ziemlich konkret.

Die Angst zu versagen

Versagensängste können schlimmer sein als das Versagen selbst. Denn zu scheitern ist zunächst einmal nichts Schlimmes. Da werden unsere Grenzen aufgezeigt. Jedes Scheitern kann eine wichtige Erfahrung sein, aus der wir lernen können. Wer aber heikle Situationen meidet, aus Angst vor dem Scheitern, kann erstens keine Erfahrungen machen. Und zweitens beraubt man sich auf diese Weise selbst aller Chancen zum Erfolg.

Das beste Beispiel, wie sich die Angst vor dem Versagen erfolgreich überwinden lässt, haben wir alle schon selbst geliefert. Die Strategie: Learning by doing. Wie war das denn damals, als wir Babys waren und laufen lernten? Wenn es nicht gleich klappte, wenn wir auf den Po plumpsten, zauderten wir dann? Resignierten wir? Gaben wir auf? Natürlich nicht. Wir rappelten uns hoch, probierten es weiter und immer weiter, plumpsten wieder hin – bis es plötzlich ging. Das funktioniert auch bei Erwachsenen.

Wer gelernt hat, mit Kritik umzugehen, muss keine Angst mehr vor ihr haben. Wichtig ist auch immer, wer die Kritik übt.

Erfolgsfalle Angst vor Kritik

»Siehste, hab ich doch gleich gesagt. Ich kann einfach nicht glauben, was du immer für'n Mist baust. Nie hörst du mir zu. Mensch, bist du blöd. Das hätte meine Oma besser hingekriegt …« Komisch, kaum einer möchte Kritisches über sich hören, Kritik an der eigenen Person ist schwer zu ertragen – während wir andere völlig selbstverständlich kritisieren.

Frage dich:

- Bist du in den letzten 30 Tagen kritisiert worden? Wegen was?
- Bist du als Kind oft kritisiert worden? Wegen was?

Sicher erinnerst du dich noch an diverse Nörgeleien, Meckereien, Beanstandungen von anderen. Siehst du, Kritik sitzt tief. Sie tut weh. Du reagierst erschreckt, oft mit übertriebener Heftigkeit. Kritik kann schwer verletzen. Meist können wir Kritik noch nach vielen Jahren nicht vergessen.

Manche Menschen schleppen deswegen sogar Minderwertigkeitskomplexe mit sich herum. Vieles wird unterlassen, aus Angst vor Kritik. Sie verhindert also Initiative und kann sogar das Selbstvertrauen beschädigen. Es gibt generell vier Möglichkeiten, richtig mit Kritik umzugehen:

- Du kannst Kritik einfach zurückweisen.
- Du kannst Kritik akzeptieren und zurückweisen.
- Du kannst Kritikern weitgehend aus dem Weg gehen.
- Du kannst dir Kritik zunutze machen.

Denke daran:
Kritik hat grundsätzlich etwas Gutes. Weil du durch Kritik auch Irrtümer und Fehler aufspürst und erkennst – und weil du damit einen Schlüssel hast, dich immer weiter zu verbessern.

Warum Kritik nützlich ist

Kritik kann zu einer wertvollen Kraft werden, die uns konstruktiv auf unserem Weg weiterbringt. Voraussetzung ist, dass wir nicht total emotional auf Kritik reagieren. Wenn wir es schaffen, Kritik nicht persönlich, sondern sachlich zu nehmen. Wenn Schwachpunkte kritisiert werden, ist es sinnvoller, seine Fähigkeiten zu verbessern, statt auf den Kritiker loszugehen. Frage dich immer:

- Wer hat dich kritisiert und warum?
- Welche Motive hat der Kritiker?
- Was ist der Inhalt der Kritik, die an dir geübt wird?
- Welches Ziel verfolgt der Kritiker?
- Steht er mit seiner Kritik alleine?

Beachte vor allem den zentralen Unterschied der Kritik:

- Das ist nicht o.k.
- Du bist nicht o.k.

Wie du mit Kritik umgehen kannst

Höre aufmerksam zu. Verteidigungshaltung und Defensive bringen nichts. Du zeigst damit nur, dass du unsicher bist.

Wenn du dieselben Kritikpunkte häufiger hörst, sei noch aufmerksamer. Hier geht es offenbar um einen bestimmten wunden Punkt.

Mach dir klar, wer dich kritisiert – und warum wohl?

Brause nicht auf. Versuche zu entspannen, auch wenn du unter Druck stehst und es nicht leicht ist. Atme innerlich zehn Mal tief ein und aus.

Unterscheide zwischen Kritik an der Person und an deinem Verhalten. Menschen verhalten sich nicht immer fehlerfrei. Deswegen müssen sie keine schlechten Menschen sein.

Versuche Abstand zu gewinnen. Denke später noch mal – möglichst ohne Emotionen – über die Kritik nach.

An Kritik wachsen

Wichtig ist der Inhalt der kritischen Worte, nicht die Gefühle, die Kritik in dir auslöst. Wer konstruktive Kritik erkennen und zulassen kann, wer sie ernst, aber nicht persönlich nimmt, lässt sich von Kritik nicht gleich aus der Bahn werfen, sondern lernt dazu und beginnt dann innerlich zu wachsen.

Erfolgsfalle Angst vor Fehlern

Uns wird von Kind auf eingetrichtert, bloß keine Fehler zu machen. Wer Fehler macht, wird bestraft oder gemaßregelt oder nicht mehr geliebt – oder alles drei zugleich. Klar, das prägt. Durch diese Angst, bloß keine Fehler zu machen, engen wir uns selbst ein. Wir meiden das Risiko. Wir tun nur noch Dinge, die wir schon können. Die Folge: Wir machen dann zwar wirklich weniger Fehler. Aber wir verschließen uns auch vor neuen Erfahrungen. Mögliche Folge davon: neue Ängste. Die Angst, Fehler zu machen, blockiert.

In der Forschung heißt ein Verfahren: »Trial and error«, also beim Versuch bewusste Irrtümer einkalkulieren. Nicht nur Erfinder, Wissenschaftler oder kreative Köpfe nutzen Misserfolge, um zum Erfolg zu kommen. Jeder kann von Fehlern profitieren. Sie sind wie Wegweiser zum Erfolg.

Aus Fehlern lernen

In den dreißiger Jahren verblüffte General-Motors-Manager Charles Kettering mit einer neuen Erfolgsmethode. Er behauptete: Mit Misserfolgen pflastert man seinen Weg zum Erfolg – wenn man Fehlschläge voll akzeptiert und intelligent nutzt. Fehler sind wie gute Lehrer. Fehler können eine wichtige Lektion sein, wenn wir die richtige Einstellung zu Fehlern haben. Wir sollten Fehler, die wir gemacht haben, nicht verdrängen und nicht als Schlappe sehen. Fehler sind nichts Schlechtes, sie können eine notwendige und wertvolle Erfahrung sein. Denn:

- Wer clever ist, analysiert seine Fehler und lernt daraus.
- Wer noch cleverer ist, lernt auch aus den Fehlern anderer.

> *»Jeder Fehler, jeder Fehltritt, jeder Skandal und jede Flaute haben mich stärker gemacht.«*
>
> Thomas Gottschalk, Entertainer

Wie du mit Fehlern umgehen kannst

Fehler sind positiv – vorausgesetzt, wir gehen richtig mit ihnen um! Hier einige Tipps:

Den Fehler sofort eingestehen.

Nicht mehr lang mit dem Fehler abgeben.

Aus dem Fehler lernen.

Denselben Fehler nicht nochmal machen.

Sich nicht wegen eines Fehlers schämen.

Keine langen Rechtfertigungen.

Fehler eröffnen oft eine völlig neue Perspektive: Ziehe deine Schlüsse aus einem Fehler und nutze die Chance, daraus zu lernen.

Jeden Fehler nur einmal machen

Wie gesagt: Es ist überhaupt kein Problem, einen Fehler zu machen, wenn man die richtige Einstellung dazu besitzt. Auf keinen Fall sollte man aus Angst vor weiteren Fehlern klein beigeben. Allerdings ist es wichtig, Schlüsse zu ziehen und nach Möglichkeit besser zu werden – vor allem denselben Fehler nicht öfter machen.

Erfolgsfalle Perfektionismus

Fehlerfrei, tadellos, außerordentlich hoher Maßstab, von einer fixen Idee – lexikalische Stichworte für einen Perfektionisten. Mr. und Mrs. Perfect unterliegen dem zwanghaften Wunsch, für jede Aufgabe die perfekteste aller Lösungen zu finden. Perfektionisten wollen:

- Alles oder nichts
- Auf meine Art oder gar nicht
- In einem einzigen großen Schritt oder gar nicht
- Perfekt oder überhaupt nicht

Wie bemerkte einmal Uli Hoeneß, der Ehrenpräsident des FC Bayern München: »Auch ein Uli Hoeneß macht Fehler – aber ganz selten zweimal denselben.«

Perfektionisten leiden. Sie sind nie zufrieden. Sie verschwenden Energie auf Nebensächlichkeiten, denn selbst die sollen perfekt gelingen. Perfektionisten können nur schwer Kompromisse schließen. Sie verzetteln sich, werden nie fertig. Wenn dadurch Abgabetermine verpasst werden, hat das böse Folgen. Meist scheitern sie an ihren hoch geschraubten Ansprüchen – und stellen prompt ihre ganze Person in Frage. Perfektionisten können sich selbst über Erfolge nicht freuen. Der Perfektionist wird sich meist selbst zum Feind. Er lässt andere nicht an sich heran.

Erfolgreiche Lebensregel Nummer eins: Rege dich niemals über Kleinigkeiten auf! Erfolgsregel Nummer zwei: Alles, was dich nicht umbringt, sind Kleinigkeiten!

Nobody is perfect

Null-Fehler-Menschen schreien innerlich nach Anerkennung. Sie glauben, sie könnten durch extremen Einsatz auch extremen Erfolg erzielen. Das gelingt selten, auch wenn sie wie ein Hamster im Laufrad strampeln. Resultat: Perfektionisten fallen in eine negative Spirale aus Selbstanklage, Unsicherheit und noch höheren Ansprüchen. Irgendwann droht Verzweiflung. Oftmals lähmt das große Ziel Perfektion zusätzlich, es passiert nichts, weil die Latte so hoch liegt, dass man sich nicht traut, anzufangen.

Fehler sind eine intelligente Möglichkeit besser zu werden.

In kleinen Schritten vorgehen

Unterteile dein Vorhaben in kleine, bewältigbare Schritte. Das Wichtigste dabei: Überhaupt erst mal mit dem zu beginnen, was man sich vorgenommen hat. Just do it. Man kann nur etwas schaffen, indem man es tut. Und ganz wichtig: Versuche, locker zu bleiben.

In der Weltgeschichte ist nur ein perfekter Mensch bekannt – und der ist unbekannt: der Schöpfer der Formel »Nobody is perfect!« Halte dir vor Augen: Wer sich Fehler nicht verzeihen kann, ist burnoutgefährdet – und mit einem Erschöpfungssyndrom geht dann gar nichts mehr.

Wege zu mehr Gelassenheit: Niemand muss perfekt sein!

Schraube deine überhöhten Ansprüche zurück,
miss dich nicht ständig an noch erfolgreicheren Menschen.
Du bist wer – diese Gewissheit sollte reichen.

Du hast panische Angst vor Fehlern? Dann hilft nur eines: welche machen, und zwar ganz bewusst und wohldosiert! Damit du erfährst, dass Fehler keine Katastrophe sind.

Überprüfe deine Kriterien, die zu überzogenen Wertemaßstäben führen. Frage Freunde und Kollegen, wie sie bestimmte Situationen bewerten. Dann siehst du die Dinge realistischer. Rede mit Vertrauenspersonen über deine Versagensängste.

Versuche beim nächsten Projekt, »das Pferd von hinten aufzuräumen«. Lege fest, welches Ergebnis du erzielen willst – und erst dann die Schritte zum Ziel.

Voraussetzung für lockeren Umgang mit Zielvorgaben ist, dass man Prioritäten setzen kann. Liste also auf, was sofort erledigt werden muss – und was warten kann.

Sei kompromissbereiter.

Befreie dich von zwanghaften Denkmustern.

Vergiss über deiner Detailbesessenheit nicht die wirklich wichtigen Zusammenhänge.

Stelle dir den Super-GAU vor, ehe du ein neues Projekt beginnst. Was könnte schlimmstenfalls passieren? Wären die Konsequenzen wirklich so unerträglich?

Mach den Wert deiner Person nicht allein von deiner Arbeit abhängig.

Lerne, auch mal »Nein« zu sagen.

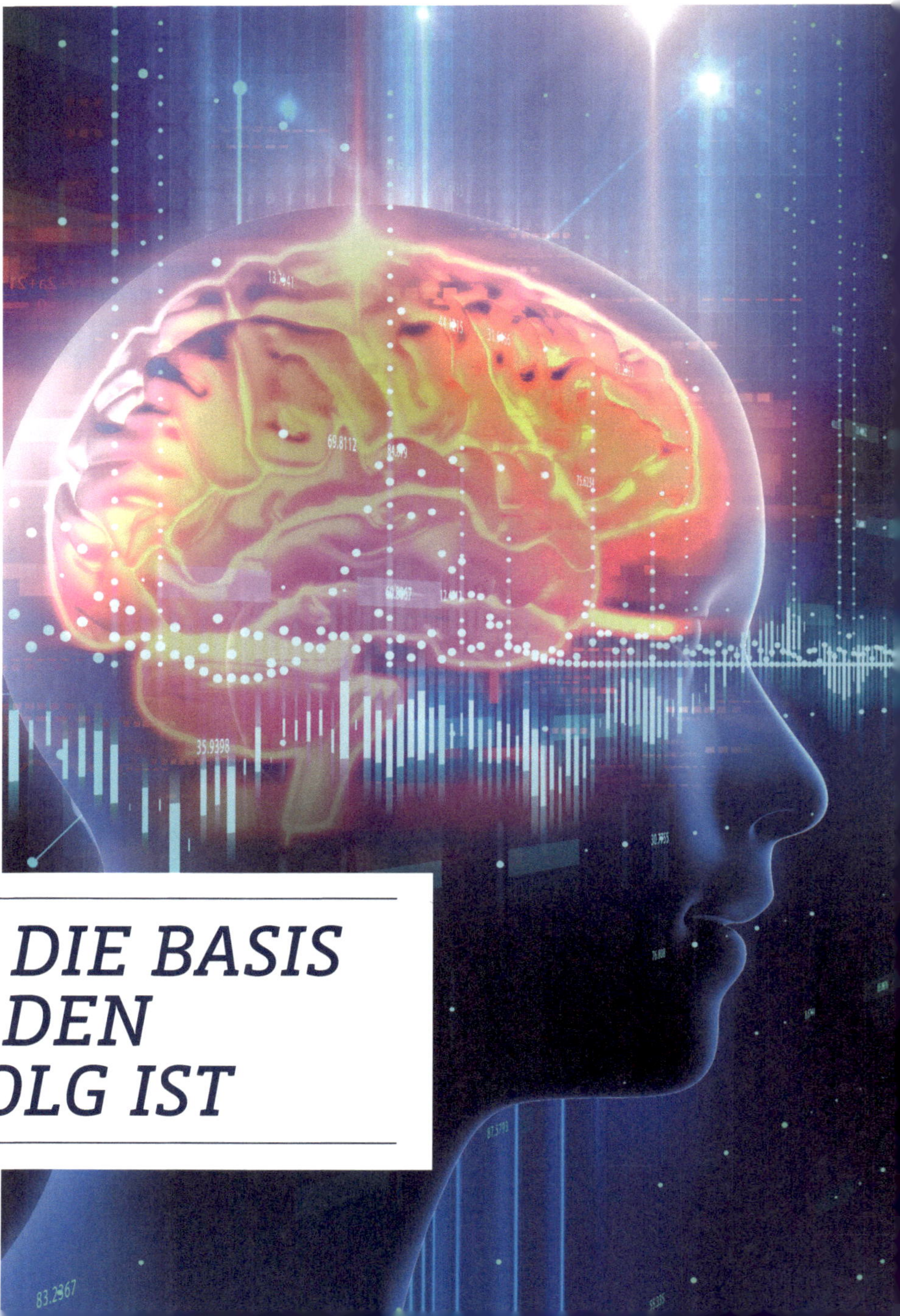

Kapitel 3

WAS DIE BASIS FÜR DEN ERFOLG IST

Zwischen unseren Ohren ist eine »Wundermaschine« installiert, die mehr kann als jeder Computer. Während du diese Zeilen liest, verarbeitet die Wundermaschine diese Buchstaben in Symbole der Information, wandelt sie in Wissen um und speichert sie ab, immer abrufbereit. Gleichzeitig sorgt die Wundermaschine zwischen unseren Ohren dafür, dass alle Körperteile funktionsfähig sind, sämtliche Körperbefehle jederzeit ausgeführt werden können, die Körpertemperatur stets im grünen Bereich ist. Sie reguliert die Verdauung, die Umsetzung der Brennstoffe in Energie und und und ... Alles in Mikrosekunden und immer rund um die Uhr.

Unser Gehirn ist das größte unerschlossene Gebiet der Erde.

»Hochleistungszentrale« Gehirn

Das Gehirn ist ein schier unglaubliches Organ: Dabei macht es nur zwei Prozent unseres Körpergewichts aus, verbraucht aber 20 Prozent der Gesamtenergie. Diese drei Pfund schwere und fetthaltige Gewebemasse ist die Grundlage aller menschlichen Leistungen. Mit dieser Hochleistungszentrale, dem wohl außergewöhnlichsten Geschenk, das im Verlauf der Evolution geschaffen wurde, können wir uns alle Wünsche und Ziele des Lebens erfüllen. Vorausgesetzt, wir entscheiden uns, die fast unerschöpflichen Möglichkeiten des Gehirns aktiv zu nutzen, und beschäftigen uns eingehend mit der Gebrauchsanleitung. Unser Gehirn besteht aus etwa 86 Milliarden Nervenzellen – so der momentane Forschungsstand. Vordergründig ist nicht die Anzahl dieser Neuronen entscheidend, sondern das Verbindungsnetz, das die Zellen untereinander eingehen. Man vermutet, dass jede dieser Milliarden von Nervenzellen mit bis zu 100.000 anderen Nervenzellen in Verbindung stehen kann.

Unser biologischer »Supercomputer«

Dieses gewaltige Netzwerk bildet unsere »Intelligenz« bzw. bestimmt die Qualität unserer Entscheidungen, die wiederum unser ganzes

Leben bestimmen. In jedem Moment fluten immense Mengen von Informationen zum Gehirn, von der Außenwelt durch die fünf Sinne (Sehen, Hören, Fühlen, Riechen, Schmecken) wahrgenommen. Das Gehirn bearbeitet, bewertet diese Infos und trifft dann Entscheidungen für die Körperfunktionen. Die Arbeit dieser Nervenzellen (Neuronen) ermöglicht uns also zu laufen, zu singen, zu küssen, Auto zu fahren, weckt Gefühle, Gedanken, Wünsche und Träume. Mit anderen Worten: Im Gehirn wird unsere Lebensqualität bestimmt. Um in Zukunft bessere und schnellere Entscheidungen zu treffen, speichert das Gehirn außerdem Erfahrungen ab.

Informationen speichern

Stellen wir uns mal ein Büro mit 86 Milliarden Sekretärinnen vor: Jede Sekretärin bedient eine Telefonzentrale. In Sekundenbruchteilen stellt sie Verbindungen zu 20.000 Kolleginnen her, holt Informationen ein, gibt sie weiter, trifft Entscheidungen aufgrund vorheriger Gespräche, speichert Wichtiges und unterhält zu manchen Kolleginnen noch eine »Standleitung«.

Für unser Gehirn gilt der bekannte Grundsatz: »If you don't use it, you lose it.«

Erfolgsstory der Evolution: Menschen besitzen dank ihrer Denkfähigkeit grenzenlose Möglichkeiten.

Programme – Autobahnen unseres Lebens

Der Mensch ist das lernfähigste Lebewesen auf diesem Planeten. Gleichzeitig kann und weiß der Mensch nur das, was er gelernt hat – also was programmiert ist. Als Baby verfügt der Mensch nur über wenige Programme, zum Beispiel den Greif- und Saugreflex. Erst die bewusst oder unbewusst erlernten Programme machen uns zu Menschen. Wir lernen laufen, schreiben, Fußballspielen, flirten oder Fahrradfahren. Und wir sind noch zu weit mehr fähig.

Unser Gehirn ist der beste Computer der Welt: Er kann sich seine Software selbst schreiben.

Ein einfaches Beispiel: Ein kleiner Junge wird von seinem Papa aufgefordert, gegen einen Ball zu treten. Der Junge nimmt die Information durch seine Sinnesorgane auf. Diese Sinneseindrücke werden im Gehirn verarbeitet und mit früheren Informationen verglichen. Der Bub prüft nun in seinem Gedächtnis: Habe ich das schon mal gemacht, kann ich das schon? Das ist nicht der Fall. Also macht sich der Junge eine bildhafte Vorstellung von der Handlung und tritt dann gegen den Ball. Der Versuch glückt. Der Vater strahlt und lobt überschwänglich seinen Jungen. Der Kleine erfährt dadurch ein angenehmes Gefühl – das macht ihn glücklich.

Später fordert der Vater seinen Kleinen erneut auf, gegen den Ball zu treten. Der fragt sich wieder: »Information vorhanden«? Diesmal stellt er fest, dass die Wahrnehmung schon bekannt ist. Daraufhin stellt er sich eine weitere wichtige Frage: »Was für ein Gefühl habe ich damals damit verbunden?« Das Gedächtnis antwortet: ein gutes Gefühl! Also beginnt der Kleine erneut mit der Aktion und tritt wieder gegen den Ball. Diese Erfahrung verstärkt durch die erneute Freude des Vaters sein bestehendes Programm weiter.

Wie wir neues Verhalten programmieren

Kinder sind experimentierfreudig. Warum aber stehen wir dann später neuen Erfahrungen im Privat- und Berufsleben meist so kritisch oder abweisend gegenüber? Vielleicht, weil viele Neuerungen in der Vergangenheit mit einem Gefühl der Unsicherheit verbunden waren. Also versuchen wir, dieses negative Gefühl zu meiden, und verlassen uns lieber auf Bewährtes – nach dem Motto »Besser den Spatz in der Hand als die Taube auf dem Dach«. Aber können und dürfen wir uns solches Verhalten in dieser schnellen, sich ständig verändernden Welt überhaupt noch leisten? Kaum.

Wiederholung ist die Mutter aller Fertigkeiten.

Wir müssen für neue Programme aufgeschlossen sein. Physikalisch gesehen ist ein Programm nichts anderes als eine neue Verbindung zwischen zwei Nervenzellen, ein dünner Nervenstrang. Der Sinn dieser Nervenverbindungen ist, dass du in einer Welt voller Reize und Ereignisse leichter »überlebst« und möglichst schnell zu einem Ergebnis, sprich Gefühl oder Verhalten, gelangst.

Bewusstes Wahrnehmen

Gehirnforscher haben herausgefunden, wann und wie wir uns Informationen merken:

20 Prozent von dem, was wir hören.
30 Prozent von dem, was wir sehen.
50 Prozent von dem, was wir hören und sehen.
70 Prozent von dem, was wir selbst sagen.
90 Prozent von dem, was wir selbst tun.

Lernfaktor Wiederholung

Grundsätzlich streben wir danach, mit allem, was wir tun oder nicht tun, Freude bzw. Lust zu empfinden und Schmerz zu vermeiden. Mit jeder Wiederholung wird die Nervenverbindung verstärkt. Aus einem Faden wird ein Strang. Vergleichen wir das Gehirn mal mit einem Kornfeld: Wenn wir durch dieses Feld gehen, dann treten wir ein paar Ähren nieder. Die meisten richten sich jedoch schnell wieder auf. Unsere Spur ist kaum zu erkennen. Gehen wir immer und immer wieder durch dieses Feld (Wiederholung), entsteht erst ein Trampelpfad, dann ein Weg, eine Straße und letztlich eine Autobahn (Programm). Darauf fließt der Verkehr schnell – und auch Informationen.

Lernfaktor emotionale Intensität

Zweite Möglichkeit, ein neues Programm zu installieren: über emotionale Intensität. Beispiel: Ein kleines Kind greift auf eine heiße Herdplatte. Der Schmerz erzeugt eine hohe emotionale Wirkung. Normalerweise lernt das Kind sofort seine Lektion und muss dieses Verhalten nicht öfter wiederholen. Was bedeutet das für uns? Wenn wir uns ein neues Verhalten (sprich: Programm) aneignen wollen, dann müssen wir das neue Verhalten möglichst oft wiederholen oder bzw. und mit einem hohen Grad an positiver Emotion verbinden.

Je mehr Emotion im Spiel ist, umso weniger Wiederholungen benötigst du für deine Lernerfahrung.

Sind diese Programme und Verhaltensmuster dann für immer in uns drin? Nein. Denn wenn wir ein gewisses Verhalten oder Gefühl lang nicht mehr nutzen, schwächt es sich ab. Aus der »Autobahn« wird wieder ein kleiner »Trampelpfad«, manchmal verschwindet er sogar ganz. Im Alltag hat das Vor- und Nachteile. Wenn uns zum Beispiel der Partner verlässt, ist das eine schmerzhafte Erfahrung. Wenn wir uns jedoch länger nicht mehr mit ihm/ ihr beschäftigen, verblasst die Erinnerung immer mehr, der Schmerz verschwindet – wir sind wieder frei für eine neue Beziehung.

Die Abschwächung kann aber auch ein Nachteil sein. Erinnern wir uns an die ersten heißen Monate einer Beziehung – Liebe, Lust und Leidenschaft pur. Und dann? Die Emotionen schwinden langsam. Erst unmerklich, dann unübersehbar. Aus »Goldschatz« wird »Schatz«, dann »Schätzchen«, schließlich »Mama« oder »Papa« – wenn wir nicht aktiv und energisch gegensteuern.

Die große Macht unseres Unterbewusstseins

Du willst, dass dein Erfolg endlich er-folgt? Du willst, dass deine Träume Wirklichkeit werden? Unser Unterbewusstsein ist die Quelle des Erfolgs. Neben dem Bewusstsein ist das Unterbewusstsein der Teil unserer Psyche, der alle seelischen und geistigen Vorgänge steuert. Es speichert Sinneseindrücke, Empfindungen, Gedanken und Erfahrungen ab. Außerdem ist das Unterbewusstsein für die Funktion aller schon erwähnten Körperorgane zuständig – vom Herzschlag bis zur Verdauung.

Es war Sigmund Freud, der Anfang des 20. Jahrhunderts als Erster den Unterschied zwischen dem Bewusstsein und dem Unterbewusstsein entdeckte. Der überragende Psychologe verglich den menschlichen Geist mit einem Eisberg: Nur ein Siebtel des Eisbergs ragt aus dem Wasser – das entspricht unserem Bewusstsein. Der Großteil des Eisbergs ist unter Wasser unsichtbar – das entspricht mehr oder weniger unserem Unterbewusstsein.

All unsere Verhaltensweisen werden entweder bewusst oder unbewusst gesteuert. Dabei beträgt der Anteil der unbewussten Handlungen weit über 90 Prozent. Mithin ist das Unterbewusstsein der entscheidende Faktor unseres Erfolgspotenzials. Unser Bewusstsein nimmt die Welt ohne Emotionen kritisch und rational wahr. Eingehende Ereignisse, Gedanken, Situationen werden analysiert und verglichen. Die Vergleichsdaten kommen ins Unterbewusstsein, ähnlich einer riesigen Datenbank. Auf dieser Informationsbasis legt das Bewusstsein die Verhaltensweisen fest.

Der innere Konflikt

Ein Mann auf einer Party: Ihm fällt eine attraktive Frau auf. Sein Bewusstsein nimmt die Situation rational wahr, sein Unterbewusstsein gleicht mit früheren Wahrnehmungen bzw. Erfahrungen ab. Das Unterbewusstsein hat keine eigene Meinung, will also nur das Beste im Mann. Also Schmerz vermeiden, Freude gewinnen. Wenn Erfahrungen vorliegen, dominiert der Wille, Schmerz zu vermeiden. In diesem Fall findet sich in der Datenbank eine ähnliche Situation. Das Unterbewusstsein des Mannes erinnert sich, wie er mal abgewiesen wurde (negatives Gefühl). Jetzt entscheidet das Bewusstsein, Schmerz zu vermeiden. Also spricht der Mann die hübsche Frau nicht an.

Auch in Bezug auf Erfolg haben viele Menschen ähnlich gemischte Gefühle. Einerseits wünschen sie sich mehr Geld, eine bessere Position, eine schönere Wohnung oder ein größeres Haus. Auf der anderen Seite würde mehr Erfolg auch mehr Arbeit bedeuten. Und davon hat man ja jetzt schon mehr als genug. Erfolg wird mit negativen und positiven Gefühlen verknüpft. Unser Gehirn entscheidet sich meist, Schmerzen zu vermeiden. Der Weg zum Erfolg ist selten bequem. Also neigen Menschen dazu, den unbequemen Weg zu meiden. Mehr Erfolg muss allerdings nicht zwangsläufig mehr Arbeit bedeuten. Erfolgreiche Menschen nutzen nämlich die Macht ihres Unterbewusstseins und erzielen dadurch außergewöhnliche Ergebnisse. Sie arbeiten »intelligent«.

So nah – und doch scheinbar unerreichbar. Doch halt: Kreativität findet immer Wege und Möglichkeiten.

Wie von Geisterhand gesteuert ...

Anders als unser Bewusstsein kann unser Unterbewusstsein nicht zwischen einer realen Erfahrung und einem intensiv vorgestellten Szenario unterscheiden. Das Unterbewusstsein hält alles fest, was eingegeben wird und setzt alles daran, die Vorstellungen zu verwirklichen. Stellen wir uns das Unterbewusstsein als einen riesigen Garten vor, in dem es einen Gärtner namens »Bewusstsein« gibt. Alles, was der Gärtner pflanzt, wächst dort.

Jeder Gedanke, den wir häufig wiederholen und mit emotionaler Intensität versehen, trägt Früchte. Manche Früchte sind wohlschmeckend, andere giftig. Ihr Unterbewusstsein führt immer aus, was das Bewusstsein vorgibt. Egal, ob gut oder schlecht. Also kommt es darauf an, das Unterbewusstsein zu trainieren – und zu konditionieren.

Das Vorstellungsvermögen

Kommen wir ohne genaue Karte an einen bestimmten Ort, den wir nicht kennen? Nein. Wenn wir uns nicht vorstellen können, was wir eigentlich genau anstreben, können wir es auch nicht erreichen. Nimm dir mal zwei Minuten Zeit. Lass deinen Gedanken freien Raum:

Welche Wünsche fallen dir ein?
Welche Träume hast du?
Welche wichtigen Ziele schießen dir durch den Kopf?

Verbanne künftig jene Gedanken aus deinem Kopf, die dich zurückhalten. Ersetze negative Gedankenstopper (Unvermögen, Unsicherheit ...) durch positive Gedanken, die helfen, deine Zielvorstellungen zu verwirklichen. Werde zum Möglichkeitsdenker! Denn deine Gedanken senden Schwingungen aus – und die wiederum ziehen all die Menschen und Dinge an, die dir bei der Verwirklichung deiner Ziele helfen.

Das Unterbewusstsein filtert alle für dich relevanten Informationen aus deiner Umwelt. Ein Phänomen, das wir alle kennen. Mal angenommen, du bist werdende Mutter oder werdender Vater. Ist es nicht erstaunlich, wie viele schwangere Frauen du plötzlich siehst, die du vorher nie wahrgenommen hast? Wie von Zauberhand stößt du ständig auf neue Infos über Schwangerschaft, Geburt und Erziehung.

Werte als Kraftquelle

Das Unterbewusstsein, richtig eingesetzt, verleiht auch dem Erfolg Flügel. Bevor du es jedoch programmierst, solltest du dir im Klaren sein, wohin du willst und was für dich wichtig ist. Werte stellen dabei die tiefen, persönlichen Überzeugungen deines Lebens dar. Sie zeigen, was für dich wichtig, richtig und bedeutend ist.

In der Regel wurden deine Werte unbewusst durch die Umwelt (Eltern, Schule, Freundeskreis) gebildet und geprägt. Durch die Bücher, Zeitungen und Magazine, die du liest, durch die Fernsehsendungen und Filme, die du siehst. Obwohl Werte unbewusst entstehen, bestimmen sie doch entscheidend das Leben. Deshalb müssen wir ihnen eine hohe Aufmerksamkeit widmen. Die Tür zum wahren Lebensglück und zur Zufriedenheit wird sich dir nur dann öffnen, wenn du es schaffst, deine Werte mit deinen Zielen in Einklang zu bringen.

Die Liste der persönlichen Werte

Natürlich kannst du entgegnen, dass du auch schon Ziele erreicht hast, die sogar gegen deine Werte standen. Diese Ziele stellten jedoch sicherlich keine außergewöhnlichen Leistungen dar und brachten bestimmt auch keine wahre Zufriedenheit.

Vergleichen wir es mal mit einem Computer: Der USB-Stick stellt deine Ziele dar, und deine Werte sind mit deinem Betriebssystem gleichzusetzen. Nur wenn dein USB-Stick zu deinem Betriebssystem passt, siehst du auf dem Monitor ein Bild – also das Ergebnis deiner Ziele. Wenn es dein Ziel ist, deinen Umsatz im nächsten Jahr zu verdoppeln, so kann das gegebenenfalls auch möglich sein.

Lautet dein oberster Wert allerdings »Familienleben«, dann hast du unter Umständen ein Problem. Du kannst dein Ziel vielleicht nur erreichen, wenn du Tag und Nacht arbeitest und deshalb die Familie kaum mehr siehst. Vielleicht überschreitest du für das Ziel sogar eine moralische Grenze. Dann könnte das mit anderen Werten (zum Beispiel Ehrlichkeit) kollidieren. Selbst wenn du dann dein Ziel erreichst, wirst du im Innersten nicht wirklich glücklich sein.

Die maximale Erfüllung

Achte deshalb immer darauf, dass deine Ziele und Werte zueinander passen. Nur so spürst du maximale Erfüllung, wenn du dein Ziel wirklich erreichst. Mach deinen Wertecheck auf den folgenden Seiten.

Check: Meine persönlichen Werte

› **1. Aufgabe:** Wähle aus der Liste der aufgeführten persönlichen Werte deine zehn wichtigsten aus (ohne die Rangfolge zu bewerten):

- ○ Leistung
- ○ Optimismus
- ○ Freundschaften
- ○ Wechsel und Vielfalt
- ○ Dankbarkeit
- ○ Ruhm
- ○ Reichtum
- ○ Marktposition
- ○ Demokratie
- ○ Der Beste sein
- ○ Ebenbürtigkeit
- ○ Ehre
- ○ Familienleben
- ○ Willenskraft
- ○ Sexualität
- ○ Reinheit
- ○ Sicherheit
- ○ Beziehungen
- ○ Verantwortung
- ○ Freiheit
- ○ Führung
- ○ Geborgenheit
- ○ Frieden
- ○ Höflichkeit
- ○ Karriere
- ○ Wettbewerb
- ○ Disziplin
- ○ Kreativität
- ○ Kultiviertheit
- ○ Kunst
- ○ Abenteuer
- ○ Liebe
- ○ Wahrhaftigkeit

Check: Meine persönlichen Werte

- ○ Kooperation
- ○ Effektivität
- ○ Ruf
- ○ Achtung
- ○ Ehrlichkeit
- ○ Selbstbewusstsein
- ○ Ethik
- ○ Macht und Autorität
- ○ Einfluss (auf andere)
- ○ Gelassenheit
- ○ Intuition
- ○ Selbstachtung
- ○ Gute Laune
- ○ Zuverlässigkeit
- ○ Toleranz
- ○ Gleichheit
- ○ Distanz
- ○ Mitgefühl
- ○ Sparsamkeit
- ○ Schnelllebigkeit
- ○ Umweltbewusstsein
- ○ Exzellenz
- ○ Lebensfreude
- ○ Fleiß
- ○ Status
- ○ Schönheit
- ○ Zurückgezogenheit
- ○ Flexibilität
- ○ Spiritualität
- ○ Sachkenntnisse
- ○ Vaterland
- ○ Finanzieller Gewinn
- ○ Entwicklung (persönl. Nutzung der Stärken)
- ○ Kontaktfähigkeit
- ○ Standort (Örtlichkeit)
- ○ Zielbewusstsein
- ○ Geld
- ○ Begeisterung
- ○ Harmonie
- ○ Gesundheit
- ○ Kompetenz
- ○ Herausforderung
- ○ Wissen
- ○ Etwas ins Handeln bringen
- ○ Zeitlosigkeit
- ○ Vertrauen
- ○ Pünktlichkeit
- ○ Interessengleichheit
- ○ Wachstum (persönlich)
- ○ Wahrheit
- ○ Kontrolle (über andere)
- ○ Individualität
- ○ Anerkennung
- ○ Weisheit
- ○ Hilfsbereitschaft
- ○ Hingabe
- ○ Integrität
- ○ Zeitliche Freiheit
- ○ Genuss
- ○ Verständnis
- ○ Herkunft
- ○ Gerechtigkeit
- ○ Lebenskraft
- ○ Entschlossenheit
- ○ Loyalität
- ○ Spaß
- ○ Zufriedenheit
- ○ Natur
- ○ Ordnung
- ○ Öffentlicher Dienst
- ○ Arbeit
- ○ Behaglichkeit
- ○ Freundlichkeit
- ○ Alleinsein
- ○ Intimsphäre
- ○ Mut
- ○ Auffassungsgabe
- ○ Respekt
- ○ Gemeinschaft
- ○ Persönlichkeit
- ○ Ausgeglichenheit
- ○ Bildung
- ○ Charisma
- ○ Zuverlässigkeit
- ○ Geselligkeit
- ○ Zärtlichkeit

Zusätzliche eigene Werte:

- ○ ______________________
- ○ ______________________
- ○ ______________________
- ○ ______________________
- ○ ______________________
- ○ ______________________

Check: Meine persönlichen Werte

› **2. Aufgabe:** Verdichte die Liste auf deine vier wichtigsten Werte:

○ ______________________ ○ ______________________

○ ______________________ ○ ______________________

› **3. Aufgabe:** Bring deine vier wichtigsten Werte in die Reihenfolge deiner Wichtigkeit:

1. ______________________ 2. ______________________

3. ______________________ 4. ______________________

»Zielklarheit – das ist 80 Prozent des Erfolgs.«

Brian Tracy, Autor

Die Kraft der Ziele

In diesem Buch erhältst du wirkungsvolle Werkzeuge, um dein Leben schnell und entscheidend zu beeinflussen. Doch bevor du Veränderungsprozesse in Gang setzt, musst du dir verdeutlichen, wohin die Reise gehen soll.

Jeder große Erfolg beginnt damit, dass man sich über das Ziel im Klaren ist. Warum sind Bill Gates, Serena Williams, Lewis Hamilton, Rafael Nadal und Lang Lang die Besten ihres Fachs geworden? Sie haben sich beizeiten dazu entschlossen, in ihrer Branche ganz vorne zu sein. Sie hatten ein ganz klares Ziel.

Wenn du die Macht der Ziele verstanden hast, besitzt du einen Erfolgsmagneten. Er wird alles anziehen, was du zu Verwirklichung deiner Träume benötigst. Laotse brachte es schon vor 2300 Jahren prägnant auf den Punkt: »Wer sein Ziel kennt, findet den Weg.«

Wie du deine Energie richtig kanalisierst

Wenn du keine präzisen Antworten auf die folgenden Fragen findest, ist all deine investierte Energie vergebens:

- Was genau will ich?
- Was sind meine genauen Ziele?

Ziele erzeugen in dir die Kraft, die richtigen Entscheidungen zu treffen, und geben deinem Leben in kürzester Zeit eine neue lohnenswerte Richtung.

Doch schauen wir uns das Wort Energie näher an. Es kommt aus dem Griechischen und bedeutet »wirkende Kraft«. Aufbauend auf diese Erkenntnis musst du dir zwei entscheidende Fragen stellen:

- In welche Richtung wirkt meine Kraft?
- Wie viel Kraft habe ich?

Sowohl die Menge als auch die Richtung deiner Energie wird maßgeblich von deinen Zielen beeinflusst. Die Welt, in der wir leben, verändert sich ständig und zwingt uns permanent, neues, noch unbekanntes Land zu betreten. Ziele wirken dabei wie ein Kompass, der uns hilft, auch in schwierigen Situationen den richtigen Weg zu finden.

Der (vorläufige) Dreischnitt zum Ziel

1. **Lege dein Ziel fest.**
2. **Bestimme den Preis, den du zahlen musst.**
3. **Zahle den Preis.**

Wir wachsen mit unseren Zielen

Wir Anpasser! Wenn das Ziel nur lautet, den Tag zu überstehen, stellt der Körper genau so viel Energie zu Verfügung, damit dieser »Anspruch« befriedigt werden kann: Aufstehen, durch den Alltag kämpfen, abends die Probleme anderer im Fernseher ansehen oder sich die x-te Serie bei Netflix geben. Wenn du ein außergewöhnliches, motivierendes Ziel hast, stellt dein Körper auch ein außergewöhnliches Maß an Energie bereit.

Zielsetzung = Programmvorgabe für das Unterbewusstsein.

Wenn du deine richtigen Ziele gefunden hast, wirst du morgens voller Tatendrang aus dem Bett springen, um ins Handeln zu kommen. Du wirst noch zu später Stunde ausreichend motiviert sein. Ganz neue Energiepotenziale spüren.

»Du musst schon da sein, bevor du angekommen bist.«

Richard Bach
(»Die Möwe Jonathan«)

Auf die Frage, was Erfolg ausmacht, antwortete Wayne Gretzky, der vielleicht beste Eishockeyspieler aller Zeiten: »Die meisten Spieler sind ziemlich gut, aber sie laufen dahin, wo der Puck ist. Ich gehe dahin, wo der Puck sein wird.« Überlege, wohin dein Puck soll! Ziele sind Wegweiser für das Gehirn, wofür du deine Energie einsetzt.

Für ein motivierendes Ziel stellt der Körper ein außergewöhnliches Maß an Energie bereit.

Erfolgsfaktor Visualisieren

Visualisieren (»Vergegenwärtigen«) bedeutet das Umsetzen von Ideen und Zielen in sinnliche Bilder. Wir können auf diese Weise die Wirklichkeit vorwegnehmen.

Da unser Unterbewusstsein nur in Bildern denkt und unser Gehirn nachweislich nicht zwischen einer tatsächlich gemachten Erfahrung und einer sich intensiv vorgestellten Situation unterscheiden kann, können wir das Visualisieren als entscheidenden Erfolgsfaktor nutzen. Je mehr Gefühl wir dabei an den Tag legen, desto größer ist die Kraft der Visualisierung.

Lass dir vor deinem geistigen Auge also große, bunte Bilder abrufen, wie du dein Ziel erreichst. Erlebe, wie du die Aufgaben auf dem Weg zu deinem Ziel hervorragend löst. Nutze dabei all deine Sinne. Was hörst du? Was siehst du? Was fühlst du? Vielleicht riechst und schmeckst du sogar etwas. Entwickle Spaß bei dieser Technik.

Besonders günstige Momente zum Visualisieren sind kurz vor dem Einschlafen und kurz nach dem Aufwachen.

Dein Unterbewusstsein ist in dieser Phase formbar wie Wachs. Grundsätzlich gilt: je häufiger, desto besser, am besten täglich. Es sollte so alltäglich sein wie Zähneputzen.

Die große Chance, die Visualisieren bietet: Du kannst deine Vorstellungskraft lenken, schnell und mühelos verändern. Vor wichtigen Ereignissen (Vorträgen, Präsentationen, Prüfungen, Wettkämpfen) kannst du das Wunschergebnis im Voraus „einprogrammieren“; auch potenzielle Probleme und entsprechende Lösungen. Vorteil: Das Gehirn hat die Situation schon mal »erlebt«. Im Ernstfall herrschten weniger Unsicherheit und Panik.

Es bleibt Kapazität für schnelle, selbstbewusste Entscheidungen und Handlungsschritte.

Unser Gehirn braucht Ziele

Für viele Menschen ist ein Navigationssystem im Auto nicht mehr wegzudenken. Es dient dazu, uns auf schnellstem Weg zum Ziel zu bringen. Um es zu aktivieren, muss zunächst das gewünschte Ziel eingegeben werden. Satelliten orten nun unseren Standort, es werden gezielt Anweisungen gegeben, welche Strecke wir nehmen müssen. Je genauer wir die Zieldaten eingeben (Straße, Hausnummer), desto näher bringt uns das System zum gewünschten Ort. Selbst wenn wir mal eine Abbiegung versäumen, errechnet der Computer die neue Strecke auf der Basis des neuen Standorts. Wir können unterwegs durchaus Fehler machen, nur dürfen wir eines nie vergessen: das Ziel einzugeben! Im richtigen Leben entspricht dieses Navigationssystem dem Gehirn. Es funktioniert zwar auch ohne Zieleingabe. Aber Ziele ohne genaue Zieleingabe sind kaum zu erreichen. Deshalb hier einmal die wichtigsten Grundsätze, die für Ziele gelten:

Wenn du nicht weißt, wohin du willst, musst du dich nicht wundern, wenn du ganz woanders ankommst.

1. Ziele müssen dich motivieren und herausfordern

Du hast dann das richtige Ziel gewählt, wenn du beim Gedanken an deine neue Zukunft in einen positiven begeisterten Zustand gerätst.

2. Formuliere deine Ziele positiv

Die Aussage »Ich möchte nicht mehr dick sein« hat eine gegen null strebende Erfolgsaussicht. Deine Datenbank, dein Unterbewusstsein denkt nur in Bildern. Für »dick« hast du ein Bild. Doch nicht für »nicht«. Hier sucht das Unterbewusstsein vergebens. Also wird das Bild »dick« nach Verwirklichung trachten, die Gedanken führen in eine falsche Richtung. Deshalb muss deine positive Formulierung lauten: »Ich habe meine ideale Wohlfühlfigur.«

3. Drücke dich so konkret wie möglich aus

Universalaussagen sind bei Zielformulierungen sehr angenehm. Sie lassen diverse Fluchttüren offen. Doch genau das solltest du vermeiden. Wenn das Ziel ist, mehr Geld zu verdienen, bestimmst du konkret wie viel. Wenn du deine Beziehung verbessern willst – was heißt das im Klartext? Wenn du abnehmen willst – wie viel denn genau? Je konkreter dein Ziel, desto konkreter deine Handlungsschritte.

4. Erfülle deine Ziele mit Leben

Wenn du es verstehst, deine Ziele mit all deinen Sinnen (sehen, hören, fühlen, schmecken, riechen) auszudrücken, dann entwickelt das einen Sog. Ein Freund Hubert aus München entwarf sein Ziel mit allen Details: eine eigene Segelyacht, ein Katamaran über 20 Meter lang. Er schwärmte vom Geräusch der flatternden Segel, dem Rauschen des Meeres. Er fühlte schon an Deck die Sonne auf seiner Haut; er roch, wie es ist, in einen Hafen einzufahren; er schmeckte das Salz des Meeres und den Schluck Cabernet Sauvignon auf seiner Zunge beim Sonnenuntergang. Es dauert nicht lange, da hatte er seine Yacht. Magische Anziehungskräfte können wirken, wenn die Sinne stark mit ins Spiel kommen. Sie helfen bei der Erfüllung des Traumes.

> *»Erfolg ist eine kontinuierliche Reise zu Verwirklichung vorher bestimmter Ziele.«*
>
> Tom Hopkins, Schriftsteller

5. Dein Ziel muss in deiner eigenen Macht stehen

Mach die Erreichbarkeit deines Zieles niemals von anderen abhängig. Übernimm für deine Zukunft die uneingeschränkte Verantwortung. Du und nur du bist der Kapitän deines Schiffes, mithin verantwortlich, wie du das Ruder deines Schiffes stellst. Du musst letztlich Einfluss haben über jeden Faktor, über jeden Schritt, der für deine Zielerreichung entscheidend ist.

6. Formuliere dein Ziel in der Gegenwartsform

Damit präsentierst du deinem Gehirn feste Tatsachen und nicht wünschenswerte Möglichkeiten. Ein entscheidender Unterschied. Beispiele: »Ich wiege 85 Kilo.« (nicht: »Ich möchte gerne 85 Kilo wiegen.«). »Ich spreche selbstbewusst vor vielen Menschen« (nicht: »Ich will vor vielen Menschen selbstbewusst sprechen.«).

7. Gestalte dein Ziel erreichbar und glaubhaft

Stecke dir durchaus hohe Ziele, die dich weit aus deiner Komfortzone locken. Doch die Ziele müssen erreichbar sein. Dein Unterbewusstsein braucht die Chance, sich mit deinem Ziel zu identifizieren. Vergleiche deine Kraft mit einem Torpedo, den du auf dein Ziel abschießt. Ist das Ziel außerhalb der Reichweite deines Torpedos, verpufft seine Wirkung. Schwenke jedoch nicht ins Gegenteil um. Gestalte deine Ziele nicht zu klein.

> *»Ein Ziel im Leben ist das einzige Vermögen, das sich zu erwerben lohnt.«*
>
> Robert Louis Stevenson, Schriftsteller

8. Vermeide »Weichmacher«

Mit Worten wie »möchte«, »könnte«, »vielleicht«, »versuchen« oder »eigentlich« vereitelst du das Formulieren klarer Ziele und verhinderst dadurch entscheidende Handlungsschritte. Nutze die Kraft der Sprache, drücke dich konkret, direkt aus.

9. Bestimme einen zeitlichen Rahmen

Wenn du dir präzise Termine setzt, motivierst du dein Unterbewusstsein, alles Notwendige zu tun, um das Ziel bis zu einem bestimmten Termin zu erreichen. Ein Zeitrahmen bringt dich schneller ins Handeln. Solltest du dein Ziel nicht zum vorgesetzten Zeitpunkt erreicht haben, kein Problem. Setze dir ein neues Datum.

10. Bringe deine Werte und Ziele in Einklang

Deine Ziele dürfen mit deinen persönlichen Werten nicht kollidieren, sie müssen zusammenpassen. Nur so wirst du auf Dauer wahre Erfüllung finden – und den angepeilten Lebenserfolg.

11. Prüfe den Sinn deines Ziels

Klopfe mit folgenden Fragen ab, ob dein Ziel wirklich in jeder Hinsicht wünschenswert ist. Frage dich:

- Was gewinne ich durch das Erreichen meines Ziels?
- Was gebe ich dadurch auf?
- Füge ich eventuell anderen Menschen dadurch Schaden zu?

12. Deine Ziele müssen sich gegenseitig unterstützen

Achte darauf, dass du bei der Verfolgung deiner Ziele nicht zum Geisterfahrer wirst. Wenn du ein hohes berufliches Ziel erreichen und gleichzeitig dein Golfhandicap gegen null treiben willst, wird es vermutlich zum Zeitcrash kommen. Das Ziel, viermal in der Woche zu joggen, wird hingegen dein Karriereziel voraussichtlich unterstützen. Denn körperliche Fitness verbessert nun mal generell die Leistungsfähigkeit. Zudem kostet das Laufen nicht zu viel Zeit.

»Der Langsamste, der sein Ziel nicht aus den Augen verliert, geht immer noch geschwinder als der, der ohne Ziel umherirrt.«

Gotthold Ephraim Lessing, Schriftsteller

13. Lege deine Ziele schriftlich fest

Der Volksmund sagt zu Recht: »Was man schreibt, das bleibt.« Das Prinzip der Schriftlichkeit zwingt uns, unsere Gedanken zu konkretisieren.

»Der Akt des Schreibens hat mehr Kraft, als die Menschen denken.«, weiß Professor Jordan Peterson von der University of Toronto. Er teilte 700 Schüler in zwei Gruppen ein: Die eine bekam keine Aufgabe, die andere sollte ihre Ziele und Wünsche für die Zukunft aufschreiben. Peterson begleitete die Schüler zwei Jahre und stellte fest, dass bei denen, die ihre Wünsche schriftlich festgehalten haben, positive Veränderungen zu beobachten waren, während in der Kontrollgruppe keine Unterschiede festzustellen waren.

14. Visualisiere täglich deine wichtigsten Ziele

Stelle dir so oft es geht deine Ziele klar und deutlich in Bildern vor. Erlebe vor deinem geistigen Augen, wie du deine Ziele erreichst, wie du die Aufgaben auf dem Weg zum Ziel hervorragend löst. Du wirst über das Ergebnis staunen.

15. Überprüfe und aktualisiere deine Ziele

Wir leben in einer sich ständig verändernden Welt. Geschwindigkeit wird zum beherrschenden Faktor der Zukunft. Manchen Zielen kommst du näher, manche erreichst du, einige verlieren vielleicht an

Bedeutung. Damit deine Ziele nichts an aktueller Zugkraft verlieren, solltest du sie spätestens alle sechs Monate überprüfen und eventuell aktualisieren bzw. den neuen Gegebenheiten anpassen.

Voraussetzungen, um meine Ziele zu verwirklichen
Ziele müssen ...
1. motivierend und herausfordernd sein.
2. positiv formuliert sein.
3. so konkret wie möglich sein.
4. mit Leben erfüllt sein (sinnesspezifisch).
5. in der eigenen Macht stehen.
6. in der Gegenwartsform formuliert sein.
7. erreichbar und glaubhaft sein.
8. »Weichmacher« vermeiden.
9. einen zeitlichen Rahmen haben.
10. in Einklang mit deinen Werten stehen.
11. sinnvoll und wünschenswert sein.
12. sich gegenseitig unterstützen.
13. schriftlich festgelegt werden.
14. täglich visualisiert werden.
15. spätestens alle sechs Monate überprüft bzw. aktualisiert werden.

Wie du deine wichtigsten Ziele findest

Wenn es dein großes Ziel ist, ein erfüllendes und ausgeglichenes Leben zu führen, musst du deine Aufmerksamkeit auf fünf Bereiche lenken. Finde heraus, was dir besonders wichtig ist. Vielleicht standest du ja mal an einem Schiffsruder. Dann weißt du, dass man dort permanent ausgleichen muss, um den Kurs zu halten. Auch als Steuermann deines Lebens musst du eine gesunde Balance zwischen den fünf Zielbereichen finden, wenn du Lebenserfolg ansteuerst. Du weißt ja: Von nichts kommt nichts.

1. Persönliche Ziele

- Was kannst du ganz konkret für deine Gesundheit, Ernährung, Bewegung tun?
- Welche Sprachen willst du lernen?
- Wie verbesserst du dein seelisches Wohlbefinden?
- Was wirst du für deine Weiterentwicklung tun?
- Welche Fähigkeiten willst du noch lernen oder optimieren?
- Welches Körpergewicht strebst du an?

2. Berufliche und wirtschaftliche Ziele

- Wie viel Geld möchtest du verdienen?
- Was bedeutet finanzielle Freiheit für dich?
- Willst du eine Firma gründen?
- Wohin soll dich deine Karriere bringen?
- Worin möchtest du Marktführer sein?

Tipp: Höre nur auf Ratschläge von Leuten, die das schon erreicht haben, was du noch erreichen willst.

3. Zwischenmenschliche Ziele

- Wie stellst du dir deine Traumbeziehung vor?
- Willst du eine Familie gründen?
- Wer sollte zu deinem Freundeskreis gehören?
- Wie möchtest du den Kontakt zu deinen Eltern gestalten?
- Wie viel Zeit möchtest du mit deinen Kindern verbringen?

4. Freizeit- und luxusorientierte Ziele

- Welches Hobby willst du pflegen?
- Welche Reisen willst du unbedingt machen?
- Welche kulturellen Veranstaltungen bedeuten dir viel?
- Wie sieht dein Traumhaus aus?
- Welches Auto möchtest du unbedingt besitzen?

5. Soziale und ökologische Ziele

- Was kannst du Gutes für die Gesellscha-t leisten?
- Wie viel Geld bist du bereit zu spenden?
- Welche ehrenamtliche Stellung willst du bekleiden
- Was wirst du für die Umwelt tun?
- Wem wirst du Hilfe anbieten?

Aufgabe: Du brauchst jetzt einen Stift und 15 leere DIN-A4-Blätter. Bringe dich, ehe du zu schreiben beginnst, in einen positiven, erwartungsvollen Zustand!

Die sieben Schritte zum Ziel

Jeder muss seinen Erfolg selbst verursachen. Dazu ist Selbstdisziplin nötig. Diese sieben Schritte der Zielsetzung kannst du jederzeit durchziehen. Sicher, es kostet etwas Anstrengung. Doch du wirst für diesen Aufwand reichlich belohnt.

1. Erstellen dir deinen »Wunschzettel«

Nimm ein Blatt Papier und suche dir einen der fünf Zielbereiche heraus, z.B. persönliche Ziele. Gib dir genau fünf Minuten Zeit. Nicht mehr und nicht weniger. Schreibe spontan alle persönlichen Ziele (die du kurz- oder langfristig erreichen willst) auf. Wenn du diese Übung konzentriert mitmachst, wirst du erleben, wie dein Unterbewusstsein auf Hochtouren arbeitet und Entscheidendes für dein Leben sofort hervorbringt. Übrigens: Das Ergebnis wird dann auch nicht besser, wenn du dir eine Stunde Zeit für die Aufgabe nehmen würdest.

Beispiele: Regelmäßig Sport treiben, sieben Kilogramm abnehmen, Englisch lernen ...

2. Lege dir deinen Zeitrahmen fest

Schreibe vor oder hinter jedes deiner Ziele, wie lange du bis zur Realisierung brauchst. Nimm dir hierfür maximal eine Minute Zeit.

Beispiele: Regelmäßig Sport treiben: drei Monate; sieben Kilo abnehmen: sechs Monate; Englisch lernen: zwei Jahre.

3. Bestimme für alle fünf Bereiche Ziele und Termine

Nimm dir jetzt für jeden der verbleibenden Zielbereiche ein Blatt Papier und wiederhole die Schritte 1 und 2. Für jeden Zielbereich hast du fünf plus eine Minute Zeit. Am Ende erhältst du deine fünf Zielbereiche mit den spezifischen Zielen und den entsprechenden Zeitrahmen.

4. Wähle deine »TOP-10«

Kreuze jetzt in jedem Zielbereich deine zwei wichtigsten Ziele an. Die Verwirklichung dieser Ziele sollte ein »Muss« für dein Lebensglück und deine Lebensqualität darstellen. Du erhältst somit deine zehn wichtigsten Ziele.

5. Formuliere jetzt deine »TOP-10«-Ziele genau aus

Schreibe jetzt jedes deiner »TOP-10«-Ziele als Überschrift auf ein jeweiliges neues Blatt. Formuliere dein Ziel genau aus. Verwende dabei möglichst viele Details und eine motivierende, emotionale Sprache. Hauche deinen Zielen mit Hilfe deiner fünf Sinne Leben ein.

Beispiel: regelmäßig Sport treiben – drei Monate. Ich treibe mindestens viermal pro Woche Sport. Dabei wechsle ich nach persönlicher Vorliebe und nach Jahreszeit zwischen Joggen, Mountainbike und Training im Fitnessstudio. Jedes Training hat einen Ausdauerteil (mindestens 30 Minuten), den ich mit Begeisterung und mit meinem neuen Pulsmesser durchführe. Beim Laufen und Mountainbiken genieße ich den Kontakt zur Natur. Durch das zusätzliche Krafttraining im Studio definiere ich meine Figur und gleichzeitig freue ich mich immer wieder über motivierenden Kontakt mit Gleichgesinnten. Ich spüre enorm viel Power und Lebensenergie in mir. Ein Gefühl, als ob ich Bäume ausreißen kann.

6. Begründe dein »Warum?«

Schreibe nun auf, warum du dieses Ziel unbedingt erreichen musst. Wenn dein »Warum« groß genug ist, dann wird sich jedes »Wie« automatisch ergeben.

Konfuzius packte sein Wissen um die Wichtigkeit von Zielorientierung in folgenden Satz: »Auch eine Reise von tausend Wegstunden beginnt mit einem einzigen Schritt.«

»Wer meint, er ist am Ziel, der geht zurück.«

Laotse, Philosoph

Beispiel: Warum? Ich wirke attraktiver. Mein Selbstvertrauen steigt enorm. Ich bin belastbarer und kann kreativer arbeiten, die Ergebnisse werden besser. Meine Denkgeschwindigkeit erhöht sich entscheidend. Mein Einkommen erhöht sich. In meinem Beruf ist sportlich-dynamisches Aussehen eine wichtige Voraussetzung für meine berufliche Karriere …

7. Überprüfe bzw. verändere gegebenenfalls deine Ziele

Mit folgenden fünf Fragen kannst du überprüfen, ob die Ziele, die du dir gesetzt hast, wirklich sinnvoll für dich sind. Wenn nicht, dann verändere die Ziele so lange, bis du uneingeschränkt dahinterstehen kannst.

1. Was gewinnst du durch das Erreichen dieses Ziels?
   Beispiel: Selbstvertrauen, bessere Beziehungschancen, höheres Einkommen.
2. Was gibst du dadurch auf?
   Beispiel: Gemütliche Fernsehabende, für jeden jederzeit erreichbar sein.
3. Wie könnte deine Umwelt reagieren?
   Beispiel: »Sport ist Mord.«; »Du hast zu wenig Zeit für mich.«
4. Fügst du eventuell anderen Menschen Schaden zu?
   Beispiel: Nein.
5. Woran merkst du, dass du dein Ziel erreicht hast?
   Beispiel: 17 Prozent Fettgehalt oder Wohlfühlfigur oder kleinere Konfektionsgröße.

Wie du dich zum Erfolg »POP«-st

Leider fixieren bislang nur wenige Menschen ihr Ziel schriftlich. Von diesen wenigen machen die meisten noch einen entscheidenden Fehler. Sie warten ständig auf den Quantensprung in ihrer Entwicklung bzw. für ihre Lebensqualität. Das ist der gleiche Fehler, den die deutsche Wirtschaft früher machte. Man wartete auf große Innovationen, während zum Beispiel die Japaner mit kleinen Verbesserungsschritten täglich die Qualität ihrer Produkte unmerklich, aber auf lange Sicht

Erfolg – was bedeutet das für mich persönlich?

Wenn deine Ziele nicht bloß Wunschträume bleiben sollen, helfen diese sieben konkreten Schritte zur Zielfindung: Lass dich auf diese Übung ein. Sie wirkt vielleicht ein bisschen wie das Ausfüllen eines Wunschzettels zu Weihnachten. Aber Wünsche und Träume sind Zielen vorgeschaltet und nun mal nötig, wenn du Erfolg anstrebst.

1. Erstelle deinen »Wunschzettel«.
2. Lege deinen Zeitrahmen fest.
3. Bestimme für alle fünf Zielbereiche deine Ziele und Termine.
4. Wähle deine »Top-10«.
5. Formuliere jedes deiner »TOP-10«-Ziele genau aus.
6. Begründe dein »Warum?«
7. Überprüfe bzw. verändere gegebenenfalls deine Ziele.

entscheidend verbesserten – und damit in verschiedensten Bereichen Marktführer wurden. Nutze das das Prinzip des »POP« – POP heißt »Permanenter Optimierungsprozess«.

- Mache täglich kleine (manchmal gerne auch große) Schritte, um außergewöhnliche Ziele zu erreichen.
- Sei flexibel. Lasse dich ständig auf einen permanenten Verbesserungsprozess ein – bis du dein Ziel erreicht hast.

Visualisiere dein Ziel, das Endbild. Füge Puzzleteil für Puzzleteil zu einem Wunschziel zusammen. Habe den Mut, Teile, die nicht passen, aus dem Spiel zu nehmen und durch andere zu ersetzen.

»Einfach mehr ERFOLG!«
Das zweitägige Highlight-Seminar, das dich nachhaltig ins Handeln bringt.

Dein Mehrwert auf einen Blick:

- → Entscheidendes Wissen und neueste Erkenntnisse
- → Wirksame Mentalstrategien
- → Geballte Motivation und Inspiration
- → Lebensfreude in einer ganz anderen Intensität
- → Tipps zur Verwirklichung deiner eigenen Träume
- → Möglichkeiten zur Stärkung deines Selbstbewusstseins
- → Zugang zu deinen unbewussten Fähigkeiten
- → Strategien für mehr Erfolg im Privat- und Berufsleben
- → Werkzeuge, um außergewöhnliche Resultate zu erzielen
- → Wege, dein mögliches Potenzial besser auszuschöpfen
- → Methoden, um dein Unterbewusstsein auf Erfolg zu programmieren
- → Strategien, um deine Hindernisse und inneren Widerstände zu überwinden
- → Erfolgsfaktoren, die bei dir den Unterschied ausmachen

✓ **Einfach mehr Lust auf Erfolg!**

Hier findest du alle Termine:
joerg-loehr-events.de/highlight

Du hast in diesem Buch bereits viel über das Thema »Erfolg« gelesen. Lass mich hier kurz von der Begegnung mit Elena erzählen, die mein Seminar »Einfach mehr ERFOLG!« besucht hat:

Mit Elena führte ich auf dem Seminar ein kurzes, spontanes Coachinggespräch. Sie wollte mehr aus sich und ihrem Leben machen, sich endlich auf ihre besonderen Stärken fokussieren. Bisher hatte ihr allerdings leider der Mut dazu gefehlt. Ihre Nachricht, welche mich vor kurzem erreichte, hat mich gefreut und tief berührt – das mit mir vereinbarte Commitment bei »Einfach mehr ERFOLG!« hat sie erfolgreich realisiert:

»Ich wollte mich mal kurz melden und einfach nochmal danke sagen. Ich hatte dir die Hand darauf gegeben, mich endlich auf meine besonderen Stärken zu fokussieren. Was soll ich sagen: Ich habe es endlich getan und das war die beste Entscheidung meines Lebens!!! Es ist einfach unglaublich, was seitdem alles passiert ist. Dieser Handschlag war das Beste, was mir passieren konnte!!! Liebe Grüße Elena«

Bestimmt hast auch du bei dir den ein oder anderen Punkt, ob beruflich oder privat, den du optimieren möchtest? Und dir fehlt hierzu noch der genaue Fahrplan oder einfach der Mut? Dann komm zu meinem Topseminar »Einfach mehr ERFOLG!«, denn ich bin mir sicher, dass ich dich auf deinem weiteren Weg entscheidend unterstützen kann!

Sei dabei!
»Einfach mehr ERFOLG!« ist vielleicht die Chance deines Lebens!

Kapitel 4

DIE SPIEL-REGELN DES LEBENS

Wir alle kennen solche Menschen, die jeden Tag in den Kampf ziehen. Die das Leben als mühseligen Existenzkampf, als einzigen Überlebenskampf betrachten und dem Spötter Schopenhauer zustimmen, der einst sagte, das Leben sei »ein Pensum zum Abarbeiten«. Stimmt. Viele Menschen verpulvern im Beruf, im Sport oder in der Beziehung unglaubliche Mengen an Energie. Meist völlig unnötig. Und warum? Weil sie fundamentale Regeln des Lebens nicht verstanden haben oder nicht beherzigen können. Das Leben ist ein Spiel – sehen wir es doch mal so.

Das Leben ist kein Notfall. Das Leben geht in der Regel weiter, auch wenn nicht alles nach Plan verläuft. Es hilft, sich das ab und zu vor Augen zu führen und sich an den Satz zu erinnern: »Das Leben ist kein Notfall«.

Richard Carlson,
Psychologe und Autor

Mittendrin statt nur dabei

Das Leben als Spiel – halten wir den Ball flach und vergleichen es mit einem Fußballspiel: Da hat jeder Spieler jede Menge Möglichkeiten zu agieren, sich zu entfalten, dem Spiel seinen Stempel aufzudrücken, das entscheidende Tor vorzubereiten oder es selbst zu schießen. Er muss sich jedoch während des Spiels an die Spielregeln halten. Tut er es nicht, schreitet der Schiedsrichter ein, pfeift, bestraft den Übeltäter mit der gelben oder roten Karte, mit einem Frei- oder Strafstoß.

Nein, im wirklichen Leben haben wir keine Schiedsrichter. Diese Rolle übernimmt das Leben selbst. Wenn wir uns nicht an die universellen Lebensgesetze halten, machen wir nun mal Erfahrungen und Erkenntnisse, die meist schmerzhaft sind. Wir müssen das so lange ertragen, bis wir das Spiel verstanden haben und uns an die Regeln halten. Dann läuft es oft wie von selbst.

Wenn wir Fußball spielen, brauchen wir ein paar Spielsachen: einen Platz, einen Fußball, passende Schuhe, eventuell Zuschauer, die uns stimulieren. Wenn wir das Leben als Spiel betrachten, könnten wir die

Dinge um uns herum auch nur als »Spielsachen« betrachten, die dafür da sind, damit das Spiel uns Spaß macht: Auto, Geld, Grundbesitz, Partner. Nichts gehört uns wirklich. Morgen könnte alles weg sein. Alles ist nur auf Zeit geliehen, glauben philosophisch Denkende. Wenn das wirklich so ist, können wir auch nichts verlieren, uns aber sehr wohl an den Dingen erfreuen.

Überlege mal: Wann bist du besonders gut in einem Spiel? Spitzenleistungen lassen sich vor allem in einem Zustand von Freude, Begeisterung und Hingabe erzielen. Mit wissenschaftlichen Methoden wurde nachgewiesen, dass Menschen, die aus einem Gefühl von Angst und Druck handeln, nur maximal 60 Prozent ihrer Leistungsfähigkeit erzielen können.

Bringe mehr Spaß ins Spiel deines Lebens

Wir ahnen es ja alle: Wenn ich erfolgreich sein will, wenn ich mein Spiel gewinnen will, muss ich auch selbst in Aktion treten. Wenn ich nur die anderen agieren lasse, den Gegner, meine Umwelt, werde ich kaum – nein – niemals Gewinner in meinem Leben sein. Also sollten wir auch aktiv handeln.

»Wenn Gott dir ein Geschenk senden will, verpackt er es in einem Problem.«

Norman Vincent Peale,
Pfarrer und Autor

Wenn du also das Leben als ein Spiel erkennen und anerkennen kannst, ändert sich auch die Perspektive für Probleme. Du wirst dich weniger aufregen. Denn Probleme sind die Würze fürs Spiel, machen es reizvoller. Was, wenn der Gegner ein Tor macht? Beschwere ich mich? Nützt nicht viel. Besser, jetzt alles dranzusetzen, um selbst Tore zu schießen. Dann können wir außerdem noch Bekanntschaft mit diesem Phänomen machen:

Je größer der Gegner, je größer die Probleme, desto größer auch die Freude, das Glücksgefühl – und das Selbstvertrauen, das sich daraus entwickelt. Wenn wir uns dem Gegner – sprich: den Problemen des Lebens – erfolgreich stellen wollen, sollten wir uns die zehn wichtigsten

Spielregeln bewusst machen. Nur dann können wir unser wahres Potenzial im Spiel entfalten – und gewinnen.

Die zehn Spielregeln des Lebens

Wer die wichtigsten Spielregeln des Lebens beherzigt, wird unweigerlich erfolgreich sein – weil das Leben ihm mit der Zeit das zurückgibt, was er eingesetzt hat.

Wenn du wirklich lernst, dein Leben als interessantes, spannendes Spiel zu betrachten und zu leben, dann beherrschst du eine hohe Kunst.

1. Die Spielregel von Ursache und Wirkung

Sie ist die ursächlichste aller Spielregeln und bedeutet, dass es für jede Wirkung in deinem Leben eine Ursache gibt. Du schlägst dir mit dem Hammer auf deine Finger (Ursache) und spürst den Schmerz (Wirkung). Deine Ernährung (Ursache) bestimmt die Qualität deiner Zellen bzw. deiner Leistungsfähigkeit (Wirkung). Deine Gedanken (Ursache) sind für deine Handlungen (Wirkung) verantwortlich. Verändere die Qualität deiner Gedanken, dann verändert sich natürlich auch die Qualität deines Lebens. Säe also bewusst die richtigen Ursachen und du wirst nach und nach automatisch die gewünschte Wirkung ernten.

2. Die Spielregel des Wachstums

Die Welt, in der wir leben, verändert sich ständig. Nichts bleibt so, wie es ist. Werfen wir einen Blick auf die Natur. Pflanzen sind lebende Organismen, jeder einzelne Mensch auch. Wenn das Wachstum einer Pflanze, die immer das Licht sucht, stagniert, bedeutet das zwangsweise, dass sie abstirbt. Die Natur kennt keinen Stillstand. Wenn wir aufhören zu wachsen bzw. uns zu entwickeln, dann sterben wir nicht zwangsweise ab. Aber wir haben aufgehört zu leben. Nur wer das 3-L-System (Lebens-Langes-Lernen) verstanden hat und als Lebensprinzip anwendet, wird letztlich im Spiel

Das 3-L-System:
***L**ebens-*
***L**anges-*
***L**ernen*

Das harte Gesetz der Natur: Was nicht wächst, stirbt langsam ab.

des Lebens erfolgreich sein. Teil dieser Spielregel ist auch das positive Verhältnis zu Problemen und zu Fehlern. Fehler sind dazu da, um daraus ständig zu lernen – und zu wachsen.

3. Die Spielregel der unbewussten Aktivität

Außergewöhnlicher Erfolg und besondere Lebensqualität sind nur zu erreichen, wenn wir unser Unterbewusstsein nutzen. Vergegenwärtige dir, dass dein Unterbewusstsein Millionen von Gedanken gleichzeitig bearbeiten kann und Millionen von Lösungsansätzen für deine Probleme bereithält. Wie sehr du die Kraftzentrale Unterbewusstsein nutzt, hängt von deinem Bewusstsein ab, deinen Zielvorgaben, deinen Gedanken. Dein Bewusstsein kann gleichzeitig immer nur einen Gedanken fassen. Egal, ob positiv oder negativ. Entscheide dich immer bewusst für positive Gedanken, dann werden dir auf magische Weise »Zufälle« über »Zufälle« zu Hilfe kommen. Zufall ist ebenso wie Glück nur ein anderes Wort für den unerkannten Zusammenhang zwischen Ursache und Wirkung. Wünsche, Träume und Ziele lassen sich leichter verwirklichen. Öffne für dich die Schatzkammer des Unterbewusstseins – und vertraue ihm.

»Panta rhei – alles fließt.«

Heraklit,
griechischer Philosoph

4. Die Spielregel der Resonanz

Gleiches zieht Gleiches an. Stell dir vor: Jeder Mensch hat einen Magneten in sich, und dieser Magnet zieht gleich gelagerte Magneten an. Aufgrund deiner Schwingungen, deiner Gedanken ziehst du genau jene Personen, Situationen, Informationen an, die dir helfen, deine Aufgaben auf dem Weg zu deinen Zielen zu bewältigen.

Wenn du lachst, hast du lachende Menschen um dich. Wenn du begeisterungsfähig bist, wirst du begeisterte Menschen anlocken. Wenn du ständig in Mitleid ergehst, wirst du auf Menschen treffen, die sich auch in Mitleid ergeben. Wenn du selbst kriminell bist, ist dein Umfeld vermutlich auch eher krimineller Natur. Wenn du positiv eingestellt bist, wirst du vor allem Menschen mit positiven Gedanken in deinem Umfeld haben. Menschen, die anders gepolt sind, werden meist nur kurz in deinem Umfeld sein.

Der amerikanische Soziologe Robert Morton prägte den Begriff der »sich selbst erfüllenden Prophezeiung«. Er erkannte, dass das, was wir glauben und von unserer Umwelt annehmen, schließlich in hohem Maße eintrifft.

5. Die Spielregel der Erwartung

Alles, was du erwartest, wird schließlich eintreten. Hier schlägt das Phänomen der »sich selbst erfüllenden Prophezeiung« durch. Erwartungen bilden einen Sog für deine Zukunft. Erfolgreiche Menschen versprühen eine starke positive Selbsterwartung. Sie verhalten sich so, als ob sie ihr Ziel bereits erreicht hätten. Unsere Gedanken werden somit Realität.

Wenn du ein erfolgreicher Manager werden willst, dann kleide, spreche, verhalte und arbeite in derselben Art und Weise, als ob du bereits einer bist. Du wirst dann erleben, dass ein Puzzleteil sich zum anderen fügt. Wenn du unbedingt ein ganz bestimmtes Auto willst, lebe in der Erwartung, als ob du den Wagen schon hättest. Mache eine Probefahrt, lies Testberichte, schaffe dir das kleinere Modell an. Du wirst erleben, dass du den Traumwagen schneller besitzt, als du dachtest.

Eine kleine Warnung: Handle niemals aus dem Gefühl der Angst, sondern immer aus dem Gefühl der positiven Erwartung. Wenn es beispielsweise dein Ziel ist, ein Haus am Meer zu haben und du deshalb heute schon mal eine Yacht bestellst, obwohl selbst das Geld für die Miete fehlt, dann handelst du aus Angst. Angst, das Ziel nicht zu schaffen. Ein grundsätzlich negativer Gedanke. Das »Prinzip der entgegengesetzten Handlung« tritt ein.

6. Die Spielregel der Gedanken

Ausgangspunkt für alle Handlungen, die letztendlich den Lebenserfolg bestimmen, sind deine Gedanken. Jeder Gedanke hat die Tendenz, sich zu verwirklichen. Somit werden alle (häufig wiederholten und/oder mit Emotionen angereicherten) Gedanken Realität. Du merkst bereits, dass über dieser Spielregel auch die von Ursache und Wirkung schwebt. Jede Veränderung beginnt also mit einer Veränderung der Gedanken. Wenn du deine Gedanken ändern kannst, wirst du dein Leben ändern. Das Fantastische ist ja, dass jeder bestimmen kann, was er denkt. Überprüfe deshalb, wie du über deine Beziehung, deine Gesundheit, den Beruf, die Finanzen und über deine Lebensumstände denkst.

Die Umstände lassen sich oft nicht ändern. Trotzdem kannst du immer etwas ändern: nämlich deine Einstellung und damit dich selbst.

7. Die Spielregel der Übereinstimmung

Auch bei dieser Spielregel sind noch andere mit im Spiel. Die Spielregel der Übereinstimmung lautet: »So wie innen, so auch außen«. Alles in deinem Leben verläuft immer wieder von innen nach außen. Wie die Beziehung zu Kollegen ist, liegt ursprünglich in deiner eigenen Person. Wenn du mit dir selbst nicht im Reinen bist, wie kannst du es dann mit anderen sein? Das Innen deiner Geisteshaltung beeinflusst das Außen deiner Gesundheit. Die Ordnung am Arbeitsplatz spiegelt die Ordnung in deinem Kopf wider. Fazit dieser Spielregel: Wenn du deine Außenwelt verändern willst, musst du zuerst deine Innenwelt verändern.

8. Die Spielregel der Polarität

Alles auf der Welt hat zwei Pole, zwei Seiten: Ebbe und Flut, Tag und Nacht, Mann und Frau, Krieg und Frieden, Liebe und Hass, Krankheit und Gesundheit, Freude und Schmerzen, Anspannung und Entspannung. Insgesamt betrachtet sind diese Pole immer eins. Nord- und Südpol sind zwei Pole einer Welt. Professor Kurt Tepperwein sagt dazu treffend: »Sobald wir zur ›Ein-Sicht‹ kommen, erkennen wir das eine zwischen den Polen; die scheinbare Dualität verschwindet. Weil Gegensätze in ihrer wahren Natur eins sind, können wir sie jederzeit ins Gegenteil verwandeln.« Wenn du es schaffst, alles als Einheit zu betrachten, kannst du wie selbstverständlich Angst in Mut, Schwäche in Stärke und Armut in Reichtum verwandeln. Mit einer Situation zu hadern, ist ein untrügliches Zeichen, dass du deine Gefühle oder Verhaltensweisen ändern musst. Vielleicht zeigt eine Krankheit deines Körpers, dass du eine Auszeit oder mehr Entspannung brauchst. Die Spielregel der Polarität gilt auch für das Prinzip von »Geben und Nehmen«. Was Bob Dylan sang, stimmt: »Life is always a balance.«

9. Die Spielregel des Loslassens

Um wirklichen Erfolg erzielen zu können, müssen wir die Fähigkeit des Loslassens besitzen. Zum Beispiel das Loslassen von einem verkrampften Weg zum Ziel. Verabschiede dich von der Maxime »Ich muss!« Wenn du nicht einschlafen kannst, wird der zwanghafte Versuch (»Ich muss«) nur dazu führen, dass du erst recht kein Auge zubekommst. Loslassen bedeutet jedoch nicht, von deinem Wunsch oder vom Ziel abzulassen.

Loslassen ist oft schwer. Loslassen bedeutet nicht, nichts mehr haben zu wollen. Im Gegenteil: Festhalten heißt abhängig zu sein. Loslassen macht frei und unabhängig.

Ein Vergleich: Der Bogenschütze hat zunächst den Wunsch, das Verlangen, das Ziel zu treffen. Er peilt das Ziel mit seinem Bogen an. Nun sollte er den Bogen spannen. Das bedeutet: Energie entwickeln. Und dann ist noch eines zu tun: loslassen. Nicht loslassen hieße, den Bogen überspannen, bis er letztlich sogar bricht.

Den Bogen raus: Wer sein Ziel erreichen will, muss Energie aufwenden und im richtigen Moment loslassen.

Die meisten Menschen suchen ständig nach Sicherheit und glauben sie zu finden, wenn sie an alten Verhaltensmustern und der Vergangenheit festhalten. Wer sich jedoch an alte Programme klammert, verhindert seine Weiterentwicklung.

- Lass Negativgefühle wie Ärger, Neid und Angst los.
- Lass Menschen los, die dich nach unten ziehen.
- Lass festgefahrene, alte Verhaltensmuster los.
- Lass sogar nahestehende Personen (den Partner, die Kinder) los. Das heißt nicht, dass du dich nicht mehr um sie kümmerst. Schenke ihnen vielmehr Freiheit.

Erinnere dich: Alles sind nur geliehene »Spielsachen«. Mit dieser Einstellung gewinnst du Spielraum und Freiheit, um wirklich Großes zu schaffen.

10. Die Spielregel der Liebe

Die Spielregel der Liebe hilft, Ziele schneller und oftmals mühelos zu erreichen. Mit Liebe ist die Liebe zu sich selbst und zu anderen Menschen gemeint. Liebe hebt Widerstände und Druck auf. Nur Verkäufer, die lieben, was sie tun, können auch ihre Kunden »lieben«. In einer Welt, in der die Produkte immer vergleichbarer werden, ist diese emotionale Kundenbindung die einzige Möglichkeit, um mit einem Mindestaufwand an Zeit ein maximales Ergebnis zu erzielen. Versuche immer, mit Liebe bei der Sache zu sein, was immer auch geschieht. Damit münzt du Probleme in Lernerfahrungen um. Und diese Erfahrungen helfen dir auf der Erfolgsleiter entscheidend weiter.

Die zehn Spielregeln

Damit es ganz in dein Unterbewusstsein dringt und sich dort richtig festsetzt – hier noch einmal die zehn Spielregeln des Lebens auf einen Blick:

1. Die Spielregel von Ursache und Wirkung
2. Die Spielregel des Wachstums
3. Die Spielregel der unbewussten Aktivität
4. Die Spielregel der Resonanz
5. Die Spielregel der Erwartung
6. Die Spielregel der Gedanken
7. Die Spielregel der Übereinstimmung
8. Die Spielregel der Polarität
9. Die Spielregel des Loslassens
10. Die Spielregel der Liebe

Alles wird dir zufallen

Wenn du nach diesen Spielregeln lebst, schaffst du die beste Basis für Erfolg. Wenn sich dann der Erfolg einstellt, werden viele Menschen in deinem Umfeld von Glück und Zufall sprechen. Das Wort Zufall wird immer dann gern bemüht, wenn herkömmliche Erfahrungen zur Erklärung nicht ausreichen. Im Lexikon findet sich folgende Definition: »Zufall ist ein unvorhergesehenes Ereignis, das durch das Zusammenwirken von Ursachen entsteht, die nicht zueinander zu gehören scheinen.« Aha. Da fällt uns also etwas zu – nach gewissen Spielregeln, versteht sich.

»Nur wer den Menschen liebt, wird ihn verstehen. Wer ihn verachtet, wird ihn nicht einmal sehen.«

Christian Morgenstern, Schriftsteller

Kapitel 5

WIE ICH GEFÜHLE BEEINFLUSSEN KANN

Warum tun wir das, was wir tun? Warum wollen wir uns zum Beispiel unbedingt ein neues Cabriolet anschaffen oder ein altes Bauernhaus? Warum fahren wir so gern schnell Auto oder hören romantische Musik? Warum tanzen wir? Warum flirten, streicheln, küssen, lieben wir? Für all diese Handlungen gibt es nur einen Grund: Wir wollen gute Gefühle haben. Gefühle sind die wichtigste Triebfeder für unser Verhalten. Johann Wolfgang von Goethe ließ seinen »Faust« sogar sprechen: »Gefühl ist alles.«

Warum nehmen Sportler täglich stundenlange Strapazen und Entbehrungen auf sich? Ganz einfach – sie trachten nach guten Gefühlen. Sie wollen Siege, Titel und Erfolge, weil diese auch das Gefühl der Anerkennung mitliefern. Satte Verträge und Prämien sorgen zusätzlich für ein Gefühl der Sicherheit. Das treibt zur Leistung an. Alles hat also seinen Ursprung in den Gefühlen.

»Es sind nicht die Dinge an sich, die den Menschen beunruhigen, sondern das, was er über diese Dinge denkt.«

Epiktet, Philosoph

Den Gefühlen auf der Spur

Gefühle bauen sich nach einem bestimmten Schema auf. Kommen wir nochmal aufs Küssen zurück. Wir spüren also Lippen auf unseren Lippen. Objektiv betrachtet trifft da nur feuchtes Gewebe aufeinander. Warum gefällt uns diese Aktion trotzdem so ungeheuer gut? Und warum halten wir uns mit diesem guten Gefühl, das entsteht, so lange auf, möchten es auch dem anderen geben? Unser Gehirn stellt sich bei allem, was wir tun, immer die folgenden drei Fragen:

- Worauf konzentriere ich mich?
- Wie bewerte ich die Situation?
- Wie soll ich mich verhalten?

Beim Beispiel Kuss ist die erste Voraussetzung absolut erfüllt: Wir konzentrieren uns gerade auf den Partner. Nun bewerten wir die Situation. Unsere Erfahrungen und die im Unterbewusstsein abgespeicherten

Emotional intensive Gefühlsquelle für Wonne und Glückseligkeit: der Kuss.

Programme senden folgende Rückmeldung: Ein Kuss hat in der Vergangenheit Freude ausgelöst! Unser Bewusstsein entscheidet deshalb: Die Situation ist wunderbar! Jetzt entwickeln und entfalten sich die Gefühle erst richtig: liebevolles Hingezogensein, wohlige Wärme, knisternde Spannung und Erregung. Im günstigsten Fall verstärken sich die Gefühle der Beteiligten gegenseitig, beide schaukeln sich jetzt hoch – auf Wolke sieben.

Gefühlszustand und Verhaltensweise

Du kennst sicher auch diese Tage, an denen alles schiefläuft: Beim Tennis fabrizierst du vor allem Doppelfehler. Bei der Präsentation vor dem Außendienst hast du dich von nervigen Zwischenfragen und unverschämten Zwischenrufen völlig verunsichern lassen. Und abends gab es zu Hause einen giftigen Streit. Wegen einer blöden Kleinigkeit bist du aus der Haut gefahren.

Negative Gefühle sind wie die Warnleuchten des Lebens. Sie zeigen Gefahren an und sorgen dafür, dass wir ins Handeln kommen, um die Probleme zu lösen.

Doch dann gibt es diese Tage, da läuft alles bestens: Beim Tennis »sitzt« sogar der erste Aufschlag. Deine Präsentation kommt an, du bist überzeugend, konterst schlagfertig. Und zu Hause erlebst du nichts als schönste Harmonie.

Was macht den Unterschied aus? Das Verhalten ist eine Möglichkeit, wie sich unsere Gefühle ausdrücken und wie wir mit ihnen umgehen. Zwischen unserem Verhalten und unserer Befindlichkeit gibt es einen engen Zusammenhang, Gefühlszustand und Verhalten beeinflussen sich gegenseitig stark.

Der Filter in uns

Alles, was in unserer Umwelt passiert (externe Ereignisse, Reize), nehmen wir mit den fünf Sinnen wahr. Ständig fließen Informationen ins Gehirn, es sind täglich Milliarden. Doch immer findet zunächst eine entscheidende Bewertung statt:

- Was bedeutet diese Information für meine persönliche Situation?
- Wie ordne ich die neue Information für mich ein?

Zwischen Verhalten und Befinden gibt es einen engen Zusammenhang. Unsere Gefühle und unser Verhalten beeinflussen sich gegenseitig sehr stark.

Der Informationsfluss passiert zunächst einen Filter, vergleichbar mit einer Sonnenbrille. Sie filtert, nur gewisse Strahlen kommen durch. Auch unser interner Filter lässt nicht alle Sinneseindrücke durch. Und die, die durchkommen, werden bewertet. Diese Bewertung ist natürlich nicht objektiv, sie wird durch Erfahrungen, die wir schon gemacht haben, beeinflusst. Diese Lebenserfahrungen bündeln sich auch in unseren Meinungen, Glaubenssätzen, Überzeugungen und Werten. Aus welchem Blickwinkel wir die Informationen sehen und bewerten, wirkt sich unmittelbar auf unseren Gefühlszustand aus. Und das wiederum drückt sich ganz unmittelbar in unserer Physiologie, also in Körperhaltung, aus.

Verantwortung für die eigenen Gefühle

Wer seine eigenen Gefühle kennt, kann sie nutzen, kann sie steuern und sie für sich sinnvoll einsetzen. Wer seine Gefühle nicht kennt, ist ihnen oft hilflos ausgeliefert, wird Sklave seiner Gefühle, kann ganz schnell die Kontrolle verlieren – über sich. In unserer Sprache wird dieses Außer-Sich-Sein anschaulich: Wir sind dann »blind vor Wut«, »platzen vor Eifersucht« oder aber wir »glühen vor Hass«. Erfolgreiche Menschen lassen sich nicht zum Spielball ihrer Gefühle machen. Sie lassen sich nicht gehen oder treiben. Sie übernehmen die Verantwortung für ihren emotionalen Zustand, weil sie wissen: Ein Gefühlszustand lässt sich verändern.

Zehn Chancen der Veränderung

Wie wir schon wissen, zielt unser ganzes Verhalten darauf ab, möglichst positive Gefühle zu bekommen. Dabei kommt es unter anderem vor allem auf Folgendes an:

- Negative Gefühle in positive verwandeln!
- Positive Gefühle möglichst lange bewahren!
- Die Intensität der positiven Gefühle erhöhen!

Lass dich nicht zum Sklaven deiner Gefühle machen, sondern nutze deine Gefühle – sie können zu einer starken und nützlichen Kraft werden.

Jetzt wollen wir gewissermaßen mal einen »Werkzeugkasten« öffnen und erklären, welche Möglichkeiten es zur Veränderung gibt und wie die zehn wirkungsvollsten Werkzeuge funktionieren. Allerdings: Einsetzen musst du die selbst. Auf dem Weg zum Erfolg, zum Lebenserfolg ist ein Maximum an Flexibilität erforderlich! Wenn ein Lösungsangebot nicht greift, probiere das nächste aus. Kombiniere, gehe spielerisch mit den Tools um. Alles ist erlaubt, nur eines nicht: Überlasse die Umstände, alles, was deine Gefühle beeinflussen und deinen Zustand prägen kann, niemals anderen. Oder gar dem Zufall.

1. Der Erfolgsachter

Betrachten wir einmal die Illustration auf der nächsten Seite. Wir sehen, wie eng »Blickwinkel« – »Zustand« – »Physiologie« gekoppelt sind und sich gegenseitig beeinflussen. Dieser direkte Zusammenhang der Verbindung ergibt, grafisch dargestellt, den sogenannten Erfolgsachter.

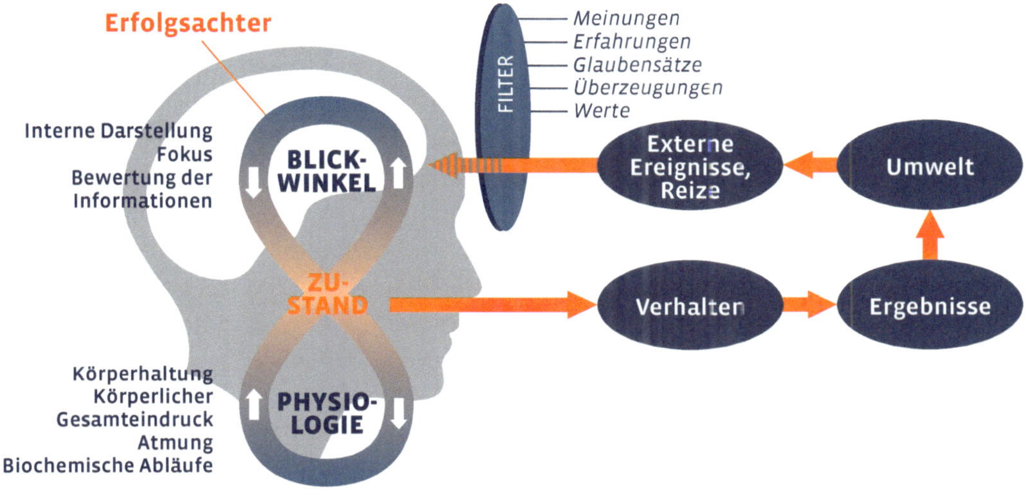

Ein magischer Erfolgskreislauf

Es ist ein großes Geschenk des Lebens, dass wir unseren emotionalen Zustand selbst beeinflussen und verändern können – und zwar ganz natürlich. Dazu stehen zwei Bausteine zur Verfügung:

- Unser Blickwinkel: Gemeint ist die Bewertung von Sinneseindrücken, unsere Einstellung, interne Darstellung, der Fokus.
- Unsere Physiologie: Damit ist der Gesamteindruck gemeint, den wir durch Körperhaltung, Atmung, Stimme selbst erzeugen.

> *»Ein Optimist weigert sich nicht, die negativen Seiten einer Situation zur Kenntnis zu nehmen. Er weigert sich lediglich, sich diesen Seiten zu unterwerfen.«*
>
> Norman Vincent Peale, Pfarrer und Autor

Diese beiden Bausteine »Blickwinkel« und »Physiologie« beeinflussen sich gegenseitig und vor allem beeinflussen sie unseren »Zustand«. Wir können also, indem wir entweder die Betrachtungsweise (Blickwinkel) oder einfach nur unsere Körperhaltung (Physiologie) ändern, unser Denken, unsere geistige Verfassung – unseren Zustand – positiv verändern. Dadurch können wir dann Probleme besser anpacken und Schwierigkeiten meistern. Außerdem: Der Erfolgsachter wirkt langfristig, das ist allemal wirksamer und positiver als Drogen oder Alkohol.

Unser Zustand bestimmt unsere Entscheidungen

Eines ist klar: Wenn wir in einem kraftvollen sicheren Zustand sind, treffen wir bessere Entscheidungen. Die Folge: ein hervorragendes Verhalten. Unser Verhalten ist immer Ausdruck unserer Gefühle – und steht somit im direkten Zusammenhang mit dem Zustand, aus dem wir unsere Entscheidungen getroffen haben. Ein besserer Zustand ermöglicht also bessere Entscheidungen. Bessere Entscheidungen ermöglichen wiederum besseres Verhalten bzw. bessere Ergebnisse. Und die wiederum beeinflussen unsere Umwelt. Erinnern wir uns: Die Umwelt ist ein Spiegel von uns selbst (»Spielregel der Resonanz«). Nun verstehen wir, warum. Gleichzeitig prägen neue Erfahrungen. Diese beeinflussen unseren Filter, der sich zudem aus – neuen – Erfahrungen, Meinungen, Glaubenssätzen, Überzeugungen und Werten aufbaut. Wirklich – ein magischer Erfolgskreis.

Das Instrument Körperhaltung

Mit dem Baustein »Physiologie« steht uns die Möglichkeit der schnellsten Zustandsveränderung zu Verfügung. Denn die Körperhaltung lässt sich im Bruchteil einer Sekunde beeinflussen.
So gerätst du rasch vom Durchhänger in einen Spannungszustand:

- Setze dich ganz aufrecht hin. Verzichte möglichst aufs Anlehnen.
- Nimm deine Schultern zurück.
- Atme zehnmal ganz langsam und tief durch.
- Halte deinen Kopf erhoben.
- Bring Spannung in deinen Körper.
- Schreite aufrecht.
- Recke, strecke und lockere dich.
- Nutze kraftvolle Bewegungen, sogenannte »Powermoves«.
- Lächle!

Nimm deinen Körper als Instrument, wenn du dich wohlfühlen willst: Spring auf! Locker dich! Strahle mal ganz bewusst!

Bewegungen beeinflussen Gefühle

Es klingt so simpel: »Ändere die Art, dich zu bewegen, und du änderst dein Leben.« Doch es stimmt. Probiere es mal aus! Zum Beispiel, wenn du richtig frustriert bist. Nein, lass dich nicht hängen, sondern: Spring auf! Lockere den Körper! Strahle ganz bewusst! Stelle dir jetzt folgende Fragen:

- Was ist an deinem Problem total verrückt?
- Was ist komisch daran?
- Was ist die gute Seite an diesem Problem?
- Wird es in fünf Jahren wirklich noch eine Rolle spielen?

Jeder Mensch hat im Laufe seines Lebens Bewegungsmuster entwickelt, die ihm Selbstvertrauen, Kraft und ein Gefühl von persönlicher Stärke geben. Manche reißen kraftvoll die Arme hoch, manche lachen laut und herzhaft und manche nutzen für sich motivierende Rituale als Vehikel, mit denen ihr Gehirn einen außergewöhnlich guten Zustand verbindet.

Nutze eine gute Erfahrung von früher

Erinnere dich an eine Situation, in der du dich unglaublich gut, kraftvoll, ja unschlagbar fühltest. Wie war der Moment, als dir das entscheidende Tor gelang? Als ein schwieriger Kredit bewilligt wurde? Als du dich unsterblich verliebt hattest? Als du den Zuschlag für einen großen Auftrag bekamst?

Auf welche Weise drückte sich dein Stolz körperlich aus? Wie wurde die Kraft in deiner Körperhaltung deutlich? Wie hast du damals geatmet? Wenn du dich künftig in einen guten Zustand versetzen willst, der nun mal die Grundlage für gute Aktionen ist, dann nutze deinen Körper – bringe dich in einen Zustand wie damals. Nutze die Kraft deiner Physiologie. Du wirst spüren, wie sich dein Blickwinkel und dein Zustand fast parallel verändern.

Für dein Glück ist nicht entscheidend, was passiert, sondern wie du das Geschehen interpretierst.

Das Instrument Blickwinkel

Der zweite Baustein im Erfolgsachter ist dein »Blickwinkel«, dein Geist. Du entscheidest dich in jeder Sekunde, auf welche externen Einflüsse (Reize) du dich konzentrierst. Und wie du diese Sinneseindrücke bewertest. Wenn du es schaffst, d e eingehenden Reize in positive Gefühle umzupolen, um dadurch in einen kraftvollen Zustand zu kommen, beherrschst du eine hohe Kunst.

Denke jetzt mal intensiv an eine Situation, in der es dir nicht gut ging (schlechter Zustand). Beispielsweise als du sehr eifersüchtig warst. Denke, fühle und atme wie damals. Was macht dein Körper in diesem Moment? Dein Kopf wird sich senken, die Mundwinkel auch. Sicher schaust du verbissen, die Schulterblätter hängen nach vorne, die Atmung ist flach, stimmt's? – Und jetzt denke an eine sehr angenehme Situation, zum Beispiel, als du richtig verliebt warst. Spüre, wie du tiefer atmest, wie sich deine Mundwinkel verändern, wie sich der Kopf hebt, wie sich die Schulterblätter straffen – wie deine ganze Haltung stabiler wird. All das geschieht, weil du deinen Blickwinkel, deine Gedanken verändert hast.

»Wenn das Leben nur eine Zitrone bereithält, mach Zitronenlimonade daraus.«

Dale Carnegie,
Erfolgsautor

Alles im Leben ist polar. Jeder Pfannkuchen hat zwei Seiten. Indem du die positiven Seiten betonst, veränderst du deinen Zustand und deine Physiologie – die einfache und entscheidende Gesetzmäßigkeit des Erfolgsachters.

2. Das »Schmerz-Freude«-Prinzip

Warum rauchen so viele Menschen, obwohl doch längst bewiesen ist, dass das Rauchen die Gesundheit gefährdet und das Leben um bis zu zehn Jahre verkürzen kann? Spötter meinen dazu: »Na ja, die letztens zehn Jahre sind ja sowieso die härtesten.« Aber das Argument zieht hier kaum. Der wahre Grund ist: Hier greift das »Schmerz-Freunde«-Prinzip. Wie wir wissen, werden alle unsere Verhaltensmuster ständig als Programme abgespeichert. Dies geschieht, damit wir bei der Vielzahl eingehender Reize leichter und effektiver entscheiden können. Entscheidungen werden immer nach diesem Muster getroffen: Schmerz zu vermeiden und Freude zu gewinnen. Das Ziel ist dabei: ein gutes Gefühl zu erhalten.

Im Gegensatz zu anderen Lebewesen sind wir Menschen in der Lage, bewusst Freude zu gewinnen und bewusst Schmerz zu vermeiden. Das sollten wir nutzen.

»Freude ist die Leidenschaft, durch die wir besser werden.«

Heinrich von Stein, Philosoph

Langfristig vor kurzfristig

Warum essen so viele Menschen Süßigkeiten, obwohl sie wissen, dass leere Kalorien weder für mehr Energie noch für eine bessere Figur sorgen? Der Grund: Kurzfristig geht vor langfristig! Die meisten Menschen empfinden beim Essen von Süßigkeiten kurzzeitige Freunde und verdrängen damit den langfristigen Schmerz (Übergewicht, Gesundheitsprobleme). Ins Handeln kommen wir meist erst, wenn die Schmerzgrenze erreicht und überschritten ist. Erst dann erfolgt Veränderung.

Warum schieben so viele Studenten ihr Lernpensum ständig auf? Kurzfristig machen andere Sachen mehr Spaß als Prüfungsvorbereitungen. Das geht so lange, bis eine gewisse Reizschwelle erreicht ist. Dann bereitet die Aufschieberitis mehr Schmerzen (die Angst, durchzufallen) als die kurzfristige Freude an anderen Dingen. Warum stecken so viele Menschen in einer Beziehung, ohne großes Begehren, ohne Elan und Lust, ohne viel Spaß? Ja, die verbinden zwar wenig Freude mit der momentanen Situation, aber ebenso schwingt die Angst (Schmerz) vor dem Alleinsein mit. Doch der Schmerz ist noch nicht groß genug. Also dümpelt die Beziehung langsam vor sich hin – ein Schrecken ohne Ende, ein Leben ohne Freude. Wie lange noch?

»Schmerz und Freude liegen in einer Schale; ihre Mischung ist der Menschen Los.«

Johann Gottfried Seume, Schriftsteller

Was ist zu tun?

- Mache dir selbst internen Druck.
- Erhöhe künstlich den Schmerz, bis du deine Schmerzgrenze überschreitest.
- Stelle dir diese Frage: Was wird geschehen, wenn ich mich nicht verändere?

»Moralisches Lernen basiert immer auf den Schmerz- und Lustschaltreisen in deinem Gehirn – auf deinem inneren Belohnungs- und Bestrafungssystem.«

Robert Health, Psychiater

Ein gedanklicher Horrortrip

- Male dir gedanklich ein düsteres Szenario deiner Zukunft aus, mit allen Konsequenzen.
- Betrachte dich beispielsweise, wie du dicker und dicker wirst, weil du deinen »süßen Trieb« nicht bändigen kannst.
- Spüre, wie du dich mehr und mehr unwohl fühlst. Dein Partner hat genug, er verlässt dich.
- Fühle, wie sich die Blutbahnen verengen, wie sich dein erster Herzinfarkt ankündigt.
- Fühle dich in den massiven Schmerz deiner hoffnungslosen No-Future-Perspektive ein.
- Und jetzt denke um …

Die Kraft freudvoller Gedanken

Denke an deine neuen Ziele und verbinde diese Ziele mit großer Freude. Sieh dich am Strand. Fühle dich attraktiv, schlank und voller Spannkraft. Spüre, wie du von anderen bewundert wirst. Hörst du schon die

Totale Erleichterung und großes Glück: So feiern Sieger ihre Erfolgserlebnisse.

Komplimente der Anerkennung (»Donnerwetter, was für eine Selbstdisziplin!«). Wenn du erkennst, welche Kraft hinter diesem Prinzip steckt, dann hast du eine gewaltige Möglichkeit für dauerhafte Veränderung geschaffen. Aber vergiss nie, mit dem neuen Verhalten stets Freude zu koppeln. Das bringt dir am meisten.

3. Der Zielfokus

Jeder Mensch hat seine ganz individuelle Definition von Erfolg. Gleich für alle ist: Wir sind dann erfolgreich, wenn wir unsere persönlichen Ziele erreichen. Und: wenn wir schon auf dem Weg dahin Lebensfreude empfinden. Deshalb lasse dir von niemandem einreden, was du unter Erfolg zu verstehen hast.

Nichts kann deinem Leben mehr Kraft hinzufügen, als all deine Energien auf ein begrenztes Ziel zu konzentrieren.

Was ist zu tun?

- Mach dir klar, wohin du willst und was letztlich Erfolg für dich bedeutet.
- Lege dir selbst deine Fixsterne fest.
- Wenn du dein Ziel festgelegt hast, fokussiere dich anschließend auf das Wesentliche. Vergleiche die Situation einfach mal mit einem Fernglas. Durchs Fernglas siehst du dein Ziel größer, klarer. Du kannst es nahe an dich heranholen und machst es damit greifbar.

4. Gestalte deine Wertehierarchie

Werte werden durch Erfahrungen bestimmt. Sie sind die Basis für die Bewertung externer Ereignisse. Verdeutliche dir immer wieder, dass deine Werte mit deinen Zielen in Einklang stehen müssen – nur dann ist wahres Lebensglück möglich. Erinnere dich also noch mal an deine vier wichtigsten Werte (siehe Seite 82). Prüfe, ob deine Werte, für- oder gegeneinander arbeiten.

Ziehen Werte in unterschiedliche Richtungen, kommen wir nicht oder nur langsam voran.

Folgendes Beispiel soll dir die Problematik verdeutlichen: In einer Seminarpause fragte ein Teilnehmer (er war Verkäufer), warum er bloß immer so unzufrieden sei, trotz seiner ganzen Verkaufserfolge. Den Grund konnten wir schnell finden, mittels seiner Wertehierarchie. Als seine vier wichtigsten Werte gab er an:

1. Liebe
2. Sicherheit
3. Abenteuer
4. Gesundheit

Wenn Werte miteinander kollidieren ...

Das Gefühl »Liebe« wurde durch die Ehefrau und seine beiden Kinder erfüllt. Er verdiente sehr gut – also war auch das Gefühl »Sicherheit« abgedeckt. Doch was war mit dem Wert »Abenteuer«? Doch, den befriedigte er auch ständig, allerdings durch lockere Beziehungen zu anderen Frauen. Das widersprach natürlich seinem Wert »Sicherheit« und erzeugte Sorgen, dass seine Affären auffliegen und sein Familienleben zerstören könnten. Außerdem ging es ins Geld. Er musste also mehr und länger arbeiten, fand kaum noch Zeit für Fitnesstraining. Damit kam sein Wert »Gesundheit« zu kurz.

Die Wertehierarchie kann sich im Lauf unseres Lebens ändern.

Ein negativer Kreislauf, der letztlich mit der (Ersatz-)Befriedigung Alkohol (kurzfristige Freude) kompensiert wurde. Viele Probleme lassen sich leicht beheben, wenn du deine Wertehierarchie neu ausrichtest oder andere Lösungen zur Befriedigung deiner Werte findest. Der Wert »Abenteuer« zum Beispiel durch einen Abenteuerurlaub.

Wenn dein Zielfokus aktiviert ist, versucht dein Gehirn alles, um dich ans Ziel zu bringen. Wenn deine Werte bzw. deine Wertehierarchie nicht mehr mit deinem Ziel übereinstimmt, entsteht ein Konflikt. Der wird oftmals durch Alkohol, Drogen, Kaufrausch oder Fresslust »überdeckt«. Das bringt vielleicht kurzfristig Freude, aber langfristig Schmerz! Also keine Lösung, die einen weiterbringt.

Präge dir deine Wertehierarchie ein. Sie hilft dir bei schweren Entscheidungen.

Was ist zu tun?

Verdeutliche dir: Welche Werte und welche Wertehierarchie habe ich? Überprüfe: Kollidieren manche meiner Werte miteinander? Wenn nötig: Ändere deine Wertehierarchie oder die Art und Weise, wie du deine Werte befriedigst. Nur wenn Werte und Ziele harmonisch zusammenpassen, kann entstehen, was wir so lapidar »Glück« nennen. Erforsche auch bei anderen die Reihenfolge ihrer Werte. Das fördert Verständnis: in der Partnerschaft, in Geschäftsbeziehungen, bei Freunden. Du wirst besser verstehen, was andere antreibt, steuert und motiviert.

5. Persönliche Glaubenssysteme

Jeder hat seine eigenen Glaubenssysteme: Meinungen, Glaubenssätze und Überzeugungen. Manche erleichtern uns das Leben, andere blockieren uns jedoch. Diese persönlichen Glaubenssysteme sind nichts anderes als abgekürzte Bewertungsprozesse des Gehirns. Sie helfen uns, schnelle Entscheidungen zu treffen, wie du bereits weißt, hin zu Freude und weg vom Schmerz.

Angenommen, dein wichtigster Wert lautet »Reichtum«. Du hast allerdings mal mit Aktien schlechte Erfahrung gemacht. Dein Gehirn kreiert für künftige Entscheidungen die Spielregel: »Mit Aktienspekulationen verliert man nur Geld.« Je nachdem, wie häufig oder schmerzhaft Erfahrungen waren, umso stärker ist dein persönliches Glaubenssystem ausgeprägt. Um beim Beispiel Aktien zu bleiben: Du wirst vermutlich einen Bogen um die Börse machen, auch wenn Fachleute beweisen, dass Aktien auf Dauer eine gute Rendite bringen. Wie stark verankert dein Glaubenssystem ist, hängt davon ab, ob es eine Meinung, ein Glaubenssatz oder gar eine Überzeugung ist.

Wie eine Überzeugung entsteht

Meinungen entstehen meist unbewusst und zufällig – wenn wir etwas häufiger hören oder erleben (Wiederholung) oder wenn die Erfahrung

Am Anfang bilden wir uns eine Meinung. Daraus wachsen Glaubenssätze – und schließlich Überzeugungen.

außergewöhnlich eindringlich (emotionale Intensität) ist. Wenn sich erst eine Meinung gebildet hat, suchen wir beständig nach Erfahrungen und Beweisen dafür. Dies geschieht durch unsere »subjektive Sonnenbrille«. Wir nehmen die Welt nicht so war, wie sie ist, sondern so, wie wir sie sehen wollen.

Wenn sich Erfahrungen häufen, werden sie zu Glaubenssätzen. Die sind viel schwieriger zu verändern als Meinungen, denn Glaubenssätze sind mit Gefühlen und großer Gewissheit gepaart.

Vorsicht vor Fanatismus

Die nächste Steigerungsform ist die Überzeugung. Dann sind wir uns einer Sache absolut sicher, das Urteil über Personen ist tief verwurzelt – wir sind überzeugt, dass wir richtig liegen. Streit entsteht oft, weil Überzeugungen aufeinanderprallen. Die letzte und negativste dieser persönlichen Glaubenssysteme ist Fanatismus, wie ihn zum Beispiel Sektenmitglieder entwickeln – kontraproduktiv und zerstörend.

»In dem Augenblick, in dem du von etwas überzeugt bist, von diesem Augenblick an wird dein Traum Wirklichkeit werden.«

Paul Collier,
Wirtschaftswissenschaftler

Die Angst, öffentlich zu reden

Sicher findest auch du in deinem eigenen Betriebssystem eine Reihe von Regeln, die meist aus früheren Erfahrungen, aus falschen oder unbewussten Bewertungen stammen. Vielleicht lief es schlecht, wenn du als Schüler vor der Klasse ein Gedicht aufsagen musstest. Du hast dich verhaspelt, die anderen lachten. Eine schmerzliche Erfahrung. So entstand vielleicht der Glaubenssatz: »Ich kann nicht vor anderen sprechen.« Bis heute will dein Gehirn dich vor der Wiederholung dieses Schmerzes bewahren: Du meidest – wann immer es geht – Wortmeldungen, öffentliche Reden, auch Vorträge, die dich beruflich durchaus weiterbringen würden. Das ist das Fatale bei Glaubenssätzen: Sie wirken bis in die Gegenwart.

Was ist zu tun?

Verändere daher noch heute ganz bewusst deine limitierenden Glaubenssätze und Überzeugungen (schriftlich). Nur dann kannst du zum erfolgreichen Baumeister deiner Zukunft werden. Persönlichkeiten entwickeln und leben nach positiven und motivierenden Überzeugungen. Du weißt, dass du selbst für deine Überzeugungen verantwortlich bist, nicht die Umstände. Genau deshalb hast du Erfolg.

Check: Wie ich meine persönlichen Glaubenssysteme verändere

Konzentriere dich nun auf folgende drei Aufgaben. Führe den Test bitte schriftlich durch.

1. Aufgabe:

Welche persönlichen, negativen Glaubenssätze und Überzeugungen fallen dir aus den einzelnen Lebens- bzw. Zielbereichen ein?

› Persönlicher Zielbereich:
(Beispiele: »Sport ist Mord.«, »Ich schaffe es nicht, mit Rauchen aufzuhören.«)

____

____

____

› Beruflicher und wirtschaftlicher Zielbereich:
(Beispiele: »Geld verdirbt den Charakter.«, »Ich bin zu jung, um beruflich erfolgreich zu sein.«)

____

____

____

Check: Wie ich meine persönlichen Glaubenssysteme verändere

- **Zwischenmenschlicher Zielbereich:**
  (Beispiele: »Alle Männer sind gleich.«, »Beruf und Familie lassen sich nicht unter einen Hut bringen.«)

  ____

  ____

  ____

- **Freizeit- und luxusorientierter Zielbereich:**
  (Beispiele: »Mein Job lässt keinen Urlaub zu.«, »Ich kann mir nicht ein entsprechendes Auto leisten, was denken nur meine Kunden.«)

  ____

  ____

  ____

- **Sozialer und ökologischer Zielbereich:**
  (Beispiel: »Was soll ein Einzelner schon ausrichten?«, »Ich weiß ja nicht, ob alle Spendengelder auch ankommen?«)

  ____

  ____

  ____

  ____

Check: Wie ich meine persönlichen Glaubenssysteme verändere

2. Aufgabe:

Was in deiner Vergangenheit unbewusst verankert wurde, darf niemals der Wegweiser deiner Zukunft sein. Deshalb führe diese Aufgabe mit einem Maximum an emotionaler Intensität aus. Je mehr Gefühl du an den Tag legst, desto größer ist der Hebel für Veränderungen. Verdeutliche dir nochmal: Wie wird deine Zukunft, wenn du nichts an deinen Glaubenssätzen und Überzeugungen änderst? Malst du dir deine Zukunft so düster und negativ aus, dass du wirklich emotional berührt bist?

› Persönlicher Zielbereich:
(Beispiele: »Ich werde von Tag zu Tag immer fetter.«, »Mein Freund/meine Freundin hat mich verlassen, weil er/sie mich unattraktiv findet.«, »Schon nachmittags überfällt mich chronische Müdigkeit.«, »Vor lauter Frust fresse ich viel zu viel in mich hinein.«, »Die Beförderung ging wieder an mir vorüber.«, »Jede kleinste Anstrengung erzeugt schon Schweißausbrüche …«)

____

____

____

____

› Beruflicher und wirtschaftlicher Zielbereich:

____

____

____

____

Check: Wie ich meine persönlichen Glaubenssysteme verändere

› Zwischenmenschlicher Zielbereich:

› Freizeit- und luxusorientierter Zielbereich:

› Sozialer und ökologischer Zielbereich:

Check: Wie ich meine persönlichen Glaubenssysteme verändere

3. Aufgabe:

Bringe dich jetzt in einen ausgezeichneten Zustand (Erfolgsachter!). Vergiss deine einengenden Glaubenssysteme. Finde Glaubenssätze, die dich ins Handeln bringen, damit du deinen Zielen näherkommst. Lass unberücksichtigt, ob du schon geeignete Erfahrungswerte besitzt. Halte kurz inne und lass vielleicht folgende Glaubenssätze aus der Vergangenheit auf dich wirken:

- »Fliegen ist nicht möglich, da die Maschine in jedem Fall schwerer ist als Luft.« *(Simon Newcom, Physik-Nobelpreisträger 1902)*
- »Patentämter in London schließen, da alle Erfindungen gemacht sind.« *(Leiter des Patentamts London, 1908)*
- »Es gibt nur einen Weltmarkt für fünf Computer.« *(Thomas Watson sen., 1944)*

Woran müsstest du glauben, damit deine Ziele in Erfüllung gehen?
Es kann das Gegenteil von dem sein, was bisher dein Glaubenssatz ist.

› Persönlicher Zielbereich:
(Beispiele: »Tägliches Training verleiht meiner Leistung Flügel. Was ich mir vornehme, werde ich erreichen.«)

____

____

____

› Beruflicher und wirtschaftlicher Zielbereich:

____

____

____

Check: Wie ich meine persönlichen Glaubenssysteme verändere

› Zwischenmenschlicher Zielbereich:

› Freizeit- und luxusorientierter Zielbereich:

› Sozialer und ökologischer Zielbereich:

6. Erfahrungen bestimmen deinen Erfolgsweg

Wenn du dich verändern willst, musst du ins Handeln kommen – und dazu brauchst du Motivation. Motivation ist die Kraft, die dich in Bewegung bringt. Das Motiv des Handelns und das Ziel sollten dabei unbedingt mit deinen Werten abgestimmt sein. Du solltest also deine persönlichen Glaubenssysteme so formulieren, dass sie beflügelnd wirken.

Deine Werte, Glaubenssätze und Überzeugungen hängen von Lebenserfahrungen ab, die in deinem Nervensystem abgespeichert sind.

Die drei Faktoren (Werte, Glaubenssysteme und Erfahrung) bilden einen Filter, durch den alle Informationen, die ankommen, beeinflusst und verändert werden. Du nimmst demzufolge nicht die objektive, sondern eine subjektive Welt wahr. Nichts hat eine Bedeutung – außer: Du gibst einer Sache Bedeutung. Oder anders ausgedrückt: Nicht die Ereignisse prägen deine Persönlichkeit, sondern wie du diese Ereignisse interpretierst. Beachte: Die Anzahl der Erfahrungen und die Art, wie du Erfahrungen ordnest und nutzt, spiegelt letztlich deine Intelligenz wider.

»Die Weisheit eines Menschen misst man nicht an seiner Erfahrung, sondern an der Fähigkeit, Erfahrungen zu machen.«

Bernard Shaw, Nobelpreisträger

»Archiv« Unterbewusstsein

Einfaches Beispiel: Stellen wir uns unser Unterbewusstsein als ein überdimensionales Regal voller Bücher vor. Wie schnell wir ein bestimmtes Buch im Archiv wiederfinden, hängt von zweierlei ab. Erstens: wie viele Kopien vom Buch stehen im Regal (Wiederholung), zweitens: Welche Gefühle (emotionale Intensität) hat das Buch beim Lesen ausgelöst. Horrorromane und Schmachtfetzen finden wir in der Regel rascher wieder, weil sie uns besonders berührten.

Ähnlich funktioniert das Leben: Die Anzahl der Erfahrungen und deren emotionale Intensität bestimmen Glaubenssätze und Überzeugungen. Sie verdichten sich im Alltag zu Allgemeinplätzen:

- »Alle Menschen sind …«
- »Immer wenn, dann …«
- »Das Leben ist …«

Der amerikanische Persönlichkeitstrainer Anthony Robbins hat eine prima Metapher gefunden, die die Beziehung zwischen persönlichen Spielregeln und Erfahrungen verdeutlicht: Stellen wir uns einen Tisch vor. Die Tischplatte – das sind unsere persönlichen Glaubenssysteme (Meinung, Glaubenssätze, Überzeugungen). Jedes der Tischbeine ist eine Erfahrung im Leben. Klar: Je mehr positive Erfahrungen (Tischbeine) wir gemacht haben, desto stabiler steht unser Tisch.

Was ist zu tun?

- Frage dich: Welche Erfahrungen brauche ich, um meine Wünsche zu realisieren?
- Erweitere ständig deinen Erfahrungsschatz. Wenn du beispielsweise deinen Glaubenssatz »Ich handle auch in schwierigen Situationen mutig« stärken willst, melde dich beim Fallschirmspringen, Rafting oder Canyoning an.
- Besuche Seminare. Ich selbst habe im letzten Jahr 16 Seminartage als Teilnehmer besucht.
- Lies mindestens ein Buch pro Monat. Fachbücher oder Biografien sind wertvoll, weil der Autor sein Wissen und seine Erfahrungen komprimiert weitergibt.
- Höre Audioprogramme und Podcasts.

Wie wir bereits wissen, kann unser Unterbewusstsein nicht zwischen einer erlebten Erfahrung und einer nur intensiv vorgestellten Erfahrung unterscheiden. Nutze dieses Phänomen! Visualisiere, wie du eine Präsentation positiv bewältigst. Höre am Ende den Applaus. Genieße quasi vorab den Erfolg. Dein Gehirn wird schon mit einer Situation vertraut, obwohl du diese noch nicht real erlebt hast.

»Erfahrungen sind die Samenkörner, aus denen die Klugheit emporwächst.«

Konrad Adenauer,
Bundeskanzler

Spritziges Abenteuer: Rafting kann zum wichtigen Vehikel für neues Selbstwertgefühl werden.

7. Erfolgsfaktor Sprache

Lässt du dich auch manchmal von Menschen begeistern, die zu dir sprechen? Manche haben die wunderbare Gabe, ihre Gedanken in Worte zu kleiden, die perfekt sitzen. Sie erzeugen dadurch sehr überzeugende Gefühle. Unsere Sprache, unsere Worte drücken unsere Gedanken aus. Die wiederum werden maßgeblich von Erfahrungen beeinflusst. Stellen wir uns Erfahrungen als eine Rotweinflasche vor. Und die Worte wären das Etikett. Etikett und Flasche erzeugen ein bestimmtes Gefühl. Wenn wir das Etikett verändern, ändert sich natürlich auch das Gefühl.

Worte beeinflussen unser Gefühl

Worte haben die Kraft, unseren Gefühlszustand zu verstärken oder abzuschwächen. Es ist ein Unterschied, ob wir von einem »großen Problem« oder von einer »interessanten Aufgabe« sprechen. Ob wir zurückhaltend von einer »störenden Verhaltensweise« reden oder sagen: »Ich drehe gleich durch.«

So bitte nicht mehr:	Ab jetzt bitte so:
»Ich bin überlastet.«	»Ich werde gefordert.«
»Ich fühle mich gestresst.«	»Ich bin beansprucht.«
»Ich bin stinksauer.«	»Ich bin verstimmt.«
»Ich fühle mich gut.«	»Ich fühle mich sensationell.«
»Ich bin zufrieden.«	»Mir geht es fantastisch.«
»Ich finde dich nett.«	»Ich bin hingerissen von dir.«
»Ich bin enttäuscht.«	»Ich bin etwas verwundert.«

Ob wir Konkurrenten »Aasgeier« oder »Mitbewerber« nennen. Ob wir vor einer Prüfung »panische Angst« oder »positive Anspannung« empfinden. Die Wahl der Worte gibt uns die wunderbare Möglichkeit, Erfahrungen und damit auch unseren Zustand zu beeinflussen. Ich spreche beispielsweise in meinem Geschäftsalltag nur noch von »Freunden« und »Trainern«. Warum? Freunde sind Menschen, die ich mag. Trainer sind alle übrigen Menschen, die mir helfen, mein Verhalten (z.B. meine Kommunikation) zu verbessern.

»Das Wort des Menschen ist sein Wesen.«

Japanische Weisheit

Was ist zu tun?

- Lege in all deine positiven Lebenssituationen mehr Begeisterung sowie mehr Emotionalität in deine Worte.
- Statt kollegialer Zusammenarbeit das Prädikat »gut« zu verleihen, versuche es einmal mit »fantastisch«.
- Statt in Zusammenhang mit deinem Team von »in Ordnung« zu sprechen, versuche es einmal mit »außergewöhnlich«.
- Schwäche Negatives durch entsprechende Wortwahl ab.
- Statt »Ich hasse diese Tätigkeit.« sagst du: »Ich neige mehr zu anderen Tätigkeiten.«.
- Statt »Ich bin gescheitert.« sagst du lieber »Ich muss nach anderen Lösungssätzen Ausschau halten.«.

- Nimm dir nun ein paar Minuten Zeit. Schreibe alle Redewendungen auf, die du regelmäßig verwendest. Verstärke die Worte, die positive Verhaltensweisen beschreiben, und schwäche die negativen mit ebenfalls entsprechenden Worten ab. Eine kleine Warnung: Vorsicht, deine Umwelt reagiert meist noch nach alten Programmen! Wenn du demnächst gefragt wirst »Wie geht es dir?« und du antwortest nicht mit »Ganz okay« oder »Na ja, so lala«, sondern du sagst strahlend »fantastisch!« oder »brillant!«, könnte das deine Freunde oder Bekannte im ersten Moment irritieren. Lass dich nicht dadurch beirren. Überlege vie mehr, mit wem du mehr Zeit verbringen willst. Mit einem Menschen, der sich «okay« oder mit jemandem, der sich »fantastisch« fühlt. Erfolg zieht Erfolg an, und die Sprache ist eine hervorragende Möglichkeit, um Erfolg auszudrücken und Erfolg anzuziehen.

Worte, die nur Worte bleiben	Worte, die Handeln bewirken
man ...	ich kann ...
möchte ...	ich werde ...
vielleicht ...	ich entscheide mich ...
würde ...	ich bin ...
könnte ...	ich handle ...
versuchen ...	ich mache ...
eigentlich ...	jetzt ...

8. Erfolgsfaktor Fragen

Die Qualität unserer Beziehungen, unserer Karriere, unserer Gesundheit – das alles wird maßgeblich beeinflusst durch die Fragen, die wir uns stellen. Denn aus guten Fragen ergeben sich bessere Antworten.

»Klug fragen können, ist die halbe Weisheit.«

Francis Bacon, Philosoph und Staatsmann

Wir stellen uns ständig Fragen. Diese Fragen bestimmen, worauf wir uns konzentrieren. Wie wir denken. Was wir fühlen. Wenn du ein Problem hast, kannst du natürlich mit Selbstmitleid reagieren: »Warum gerade ich?« Das führt jedoch in eine Sackgasse, es ändert kaum das Problem. Frage dich lieber:

- »Was kann ich aus der Situation lernen?«

Oder, noch besser:

- »Was kann ich jetzt unternehmen, um meine Situation möglichst sofort zu verbessern?«
- »Welches Ziel will ich erreichen?«
- »Wie kann ich mein Ziel erreichen?«
- »Was ist mein erster Schritt, um dem Ziel näherzukommen?«

Wenn du spürst, dass du mit altem Verhalten festgefahren bist, wenn du dem Ziel nicht näherkommst, betrachte das Problem aus einer neuen Perspektive – lasse dir neue Fragen einfallen.

»Was ist der Mensch anderes als eine Frage.«

Rahel Varnhagen von Ense, Schriftstellerin

Nehmen wir mal an, der für dich wichtige Wert »Liebe« bleibt weitgehend unbefriedigt. Du fühlst dich einsam. Du könntest nur resignieren (»Keiner liebt mich wirklich«). Du kannst dir aber auch die richtigen Fragen stellen, um ins Handeln zu kommen.

- »Was müsste geschehen, damit ich mich geliebt fühle?«

Oder noch besser:

- »Was liegt in meiner Verantwortung? Was kann ich alles tun, um das Gefühl von Liebe zu bekommen?«

Gute Fragen sind konstruktiv

Vergegenwärtige dir in jeder Phase deines Lebens: Es sind nicht allein die äußeren Umstände, die dein Leben beeinflussen, sondern wie du die Umstände bewertest. Und diese Bewertung ist eine Frage von guten, besseren, konstruktiven Fragen.

- Gute Fragen kitzeln gute Antworten hervor.
- Gute Fragen verbessern deinen Fokus.
- Gute Fragen bringen dich in einen guten Zustand, der gute Entscheidungen ermöglicht.
- Gute Fragen schaffen hervorragende Gefühle.

Weitere problemlösende Fragen

Welche guten Seiten hat dieses Problem?

Was bin ich bereit zu tun, um die Situation zu verbessern?

Was würde ich aufgeben, wenn es zur Lösung beiträgt?

Wie kann ich erreichen, dass mir die Lösung des Problems Spaß macht?

Erfolgversprechende Fragen am Morgen

Was sind heute meine wichtigsten Aufgaben?

Warum ist der heutige Tag ein Geschenk für mich?

Was macht mich im Moment glücklich?

Was finde ich im Moment sehr aufregend?

Worauf kann ich zurzeit besonders stolz sein?

Wofür kann ich in meinem Leben dankbar sein?

Wofür lohnt es sich, dass ich mich voll einsetze?

Erfolgversprechende Fragen am Ende eines Tages

Was habe ich heute hinzugelernt?

Was hat mich näher zu meinen Zielen gebracht?

Was waren meine »Diamanten« des Tages?

Was ist zu tun?

Überprüfe die Qualität deiner aktuellen Fragen. Verbessere deine Fragen so lange, bis sie konstruktiv sind. Stelle dir jeden Morgen und jeden

Abend folgende positiven Fragen, die bei dir neue Kräfte freisetzen und vor allem drei Dinge verändern:

- Blickwinkel
- Zustand
- Gefühle

9. Anker und Klippschalter

Ein ganz normaler Tag. Doch plötzlich fühlst du dich prächtig. Du bist bester Laune. Alles, was du anpackst, gelingt. Warum bloß? Vielleicht ein Song im Radio, der dich in gute Laune versetzt. Vielleicht der Duft eines ganz speziellen Parfüms, der dich an ein wundervolles Rendezvous erinnert. Bilder, eine Berührung, ein Geräusch – alles kann ein Anker sein, der Klippschalter für einen intensiven Zustand.

Ein Anker ist ein ganz spezifischer Stimulus. Wenn wir ihn auslösen, können wir eine ganz bestimmte Reaktion hervorrufen.

Für Psychologen sind Anker, speziell beim Neurolinguistischen Programmieren (NLP), an bestimmte Erfahrungen gekoppelte Sinneseindrücke, die einen besonderen emotionalen intensiven Zustand auslösen. Diese unbewusst programmierten Reaktionen ermöglichen sofortigen Zugriff auf unsere Erfahrungen: Wir reagieren, ohne nachzudenken. Jeder Mensch hat solche Anker. Die meisten entstehen zufällig, oder aber wir übernehmen bestehende: eine Sirene, ein Rotlicht, den Anblick einer Spinne, Cappuccinoduft, eine Hymne oder die Nationalflagge. Alle diese Signale lösen in der Regel Gefühle aus.

Der Wohlstandsanker

Von meinem Kollegen Bodo Schäfer stammt folgende Idee für einen hervorragenden Anker: »Tragen Sie immer einen 500-Euro-Schein bei sich!« Um die Wirkung des Ankers zu erhöhen, kann man den Geldschein immer mal wieder in die Hände nehmen und sich in einen guten Zustand versetzen: an ein außergewöhnlich gutes Geschäft denken, Gefühle wie Freude, Sicherheit, Vertrauen und Reichtum abrufen. Wir wissen ja, dass unser Gehirn auf die Vorstellung von einem Ereignis

Wie ich erfolgreich Anker installiere

Bestimme, welchen Sinneseindruck du mit einem entsprechenden Gefühl verbinden willst. Es kann auch eine Kombination sein, etwa Fingerschnipsen (Fühlen), das an den Ausruf »Ja!« (Hören) gekoppelt ist. Anfangs sind physische Reize am einfachsten und wirkungsvollsten.

Hier einige Beispiele:
das kraftvolle Ballen deiner Faust,
der Druck deines Daumens und Zeigefingers auf dein Handgelenk,
das dynamische Schlagen deiner Hand auf die Brust.

Wichtig: Der Anker muss vom Unterbewusstsein sofort identifiziert werden. Normales Händeschütteln reicht hier nicht.

Du hast nun zwei Möglichkeiten: Entweder du setzt den Anker in einer tatsächlich erlebten Situation. Oder du stellst dir eine erlebte Situation intensiv vor, bei der du die gewünschten Gefühle hattest. Für das Gehirn ist dies unerheblich.

Kurz bevor das Gefühl am intensivsten ist, löst du den Anker (z.B. das Ballen der Faust) aus. Verstärke den Druck bis zum Höhepunkt des Gefühls. Eine Verschmelzung deines Gefühls mit dem Anker ist entstanden.

Je häufiger du diesen Vorgang wiederholst, desto besser wirkt der Anker. Keine Angst, er nutzt sich nicht ab – im Gegenteil: Je häufiger du ihn einsetzt, desto stärker wird er. Wichtig: Du musst ihn immer auf dieselbe Art und Weise auslösen, sonst funktioniert er nicht. Wenn du die Wirkung des Ankers erhöhen willst, stapelst du ähnliche Gefühle auf denselben Anker.

Du kannst dir jetzt einen guten Zustand holen, wann immer du ihn brauchst: vor wichtigen Ereignissen (Präsentation, Prüfung, Verkaufsgespräch) oder auch, wenn du mit deinem Partner in Hochstimmung kommen willst.

Ein Anker kann nur dann funktionieren, wenn er für dich wirklich stimmig ist und dein Körper miteinbezogen wird.

genauso reagiert wie auf ein tatsächlich erlebtes. Ich habe es ausprobiert. Ich brachte mich in den beschriebenen Zustand. Schloss die Augen. Dachte an ein glänzendes Geschäft, ganz intensiv. Dann öffnete ich die Augen und blickte lachend auf einen 500-Euro-Schein. Dieses Ritual wiederholte ich zehnmal. Zusätzlich habe ich mit mir eine persönliche Vereinbarung getroffen: Dieser Schein wird nur in absoluten »Notfällen »angegriffen«. Für mich keine Magie, sondern eine Nervenverbindung. Immer wenn ich jetzt den 500er sehe, lächle ich oft in derselben Art wie beim ersten Mal – und das erzeugt gute Gefühle übers Geld wie: Ich habe Geld, ich fühle mich wohl mit Geld.

Gefühlskitzel: die Nationalhymne als Anker. Mein erstes Handball-Länderspiel. (Vierter von rechts ☺)

Ich habe Vertrauen, dass ich mit viel Geld umgehen kann, während andere Angst haben, es zu verlieren. Ich spüre außerdem die Sicherheit, die Freude und den Spaß, immer Geld zu haben. Probiere es aus – es kostet ja nichts! Das heißt: doch, nämlich ein wenig Überwindung. Du hast das Geld für die Übung nicht? Lass los von alten Denkstrukturen, leihe dir einen großen Schein. Erinnere dich: »Das Leben ist ein Spiel.«

Was ist zu tun?

- Lerne deinen negativen Anker kennen.
- Schreibe auf, welche negativen Sinneseindrücke (Anblick, Geräusch, Berührung, Geschmack, Geruch) bei dir sofort negative Gefühle auslösen (Motto: »Gefahr erkannt – Gefahr gebannt!«). Beispiele: Anblick eines chaotischen Schreibtischs, Heavy-Metal-Krach, Zigarettengestank …
- Gehe diesen Ankern aus dem Weg.

Nutze die Kraft eines positiven Ankers, um ein neues Gefühl zu erhalten. Lieblingssongs hören, schöne Urlaubsfotos ansehen. Nutze auch dein Wissen über die Erfolgsachter: Mittels Körperhaltung kannst du sehr schnell in einen neuen guten Zustand kommen.

Wenn diese negativen Anker trotzdem bei dir wirken, solltest du dir folgende Fragen stellen:

- »Muss ich mich automatisch so fühlen?«
- »Welches Gefühl hätte ich jetzt lieber?«
- Notiere nun drei bis fünf positive Anker, die bei dir positive und wünschenswerte Gefühle und Zustände hervorrufen und die du in gewissen Situationen »abrufen« kannst (Kerzenlicht, bestimmte Musik, Siegerfaust nach einem Erfolgserlebnis …).

Meine positiven Anker

Notiere deine ganz persönlichen positiven Anker – und halte daran fest:

› ______________________________

› ______________________________

› ______________________________

› ______________________________

› ______________________________

10. Erfolgsfaktor Metaphern

Eine »Metapher« ist ein durch einen Vergleich zustande kommender bildhafter (meist vom Konkreten zum Abstrakten) übertragener Ausdruck. Metaphern fassen Lebenserfahrungen in Bilder. Solche Verbildlichungen können sich entscheidend auf unseren Zustand auswirken. Überprüfe das mal selbst. Wie siehst du zum Beispiel das Leben: als Spiel oder als Kampf? Zwei total unterschiedliche Metaphern. Wenn du das Leben als Kampf siehst, kennst du nur Gegner, keine Freunde. Du musst den anderen schlagen, um zu siegen, und oft musst du den anderen auch ausschalten.

Mit einer Metapher fasst du eine Lebenserfahrung in ein Bild. Nutze die Chance: Formuliere deine Bilder positiv. Denn Verbildlichungen wirken sich immer auf deinen Zustand aus.

Wie würde sich deine Einstellung zum Leben wohl ändern, wenn du eine Metapher dieses Buches aufgreifst – betrachte das Leben als ein Spiel! Ein Spiel macht Spaß. Du würdest akzeptieren: Spitzenleistungen entstehen aus einem Zustand von Freude, Hingabe und Begeisterung. Du spielst, um des Spieles willen. Du erlebst Glücksgefühle, nicht nur am Ende eines siegreichen Spiels, sondern auch mitten im Spiel.

Metaphern beschreiben und prägen Gefühle

- Du kannst deinen Körper mit einem alten Gaul vergleichen, der auf der Weide frisst, was er findet.
  Du kannst deinen Körper aber auch als Sportwagen betrachten, der besonders schnell ist, wenn er den richtigen Treibstoff bekommt.
- Du kannst deine Partnerschaft als Paradies auf Erden empfinden oder als Gefängnis.
- Du kannst das Leben als Hühnerleiter (von oben bis unten beschissen) sehen oder als einen spannenden, kreativen Tanz.
- Du kannst sagen: »Mir steht das Wasser bis zum Hals.« Oder: »Ich fühle mich vergnügt wie ein Fisch im Wasser.«

Check: Wie ich die Kraft der Metaphern nutze

Nutze die Metaphern bewusst. Lass dich von Metaphern nicht nach unten ziehen. Lade dich mit Metaphern positiv auf. Mach dazu folgende Übungen:

1. Aufgabe:

Schreibe in den nächsten Minuten alle Metaphern auf, die du im Alltag verwendest. Suche nach Metaphern aus allen fünf Zielbereichen.
(Beispiele: »Sport ist Mord.«; »Mein Beruf schnürt mir die Luft ab.«; »Reiche Menschen sind wie Haifische.«; »Die Angst sitzt mir im Nacken.«; »Ich fühle mich ausgebrannt.«; »Wenn ich dem meinen kleinen Finger gebe, nimmt er gleich die ganze Hand.«)

›

Check: Wie ich die Kraft der Metaphern nutze

2. Aufgabe:

Formuliere neue Metaphern, solche, die in dir einen besseren Zustand hervorrufen. *(Beispiele: »Gesundheit ist wie ein glückliches Lachen.«; »Ich ziehe Geld an wie ein Magnet.«; »Mein Beruf ist der Zauberstab für die Erfüllung meiner Wünsche.«; »Druck wirkt auf mich wie ein inspirierender Turbolader.«; »Ich fühle mich wie ein gespannter Bogen, der gezielt seinen Pfeil abschießt.«)*

›

Check: Wie ich die Kraft der Metaphern nutze

3. Aufgabe:

Bau während der nächsten Tage Metaphern in deinen Alltag ein. Verwende ganz bewusst Verbildlichungen, die du positiv empfindest.

Deine Metaphern mit der beste Wirkung:

› ______________________________

____

____

____

____

____

____

____

____

____

____

____

____

____

Kapitel 6

WIE ICH MEIN SELBSTBILD VERÄNDERE

Sie war alles andere als unattraktiv. Sympathische Ausstrahlung, feminine Formen, sportliche Figur. Eine gepflegte Frau, die da im Seminar saß. Susanne war Mitte dreißig. Sie schien etwas zurückhaltend, fast kontaktscheu. Aber sie hatte offensichtlich Stil und Geschmack. Sie war dezent gekleidet, kaum geschminkt. Wahrlich kein Mauerblümchen. Doch sie selbst sah sich anders: »Ich bin keine wirklich attraktive Frau.« So ihr Selbstbild. Sie war zu dieser Überzeugung gekommen, weil es dafür ein paar Indizien gab: »Die falschen Männer sprechen mich an, auf Partys komme ich nicht an, Männer wollen nichts von mir und wenn, dann bloß das eine.« Also zog sie sich lieber zurück. Meine Güte! Wie fast alle Menschen trägt Susanne grundsätzlich fast alle Fähigkeiten in sich, um erfolgreich zu handeln.

Erst wenn du weißt wer du bist, kannst du entscheiden, wohin die Reise geht.

Pessimisten küsst man nicht

Wir alle sind – der Vergleich sei gestattet – einem Samenkorn ähnlich, das alle Fähigkeiten in sich trägt, um zu einer prachtvollen Blume zu gedeihen. Ein Samenkorn kann sich nur auf fruchtbarem Boden entwickeln. Mit unseren Fähigkeiten ist das auch so. Sie entfalten sich besonders gut, wenn wir ein positives Selbstbild von uns haben.

Susanne hatte das nicht. Sie setzte sich ungern Situationen aus, in denen man sie ansprechen konnte. Sie folgte keiner Einladung, sie wollte kein Stimmungstöter sein. Sie hasste Partys, sie mied Feste. Sie blieb zu Hause. So verkümmerte sie mehr und mehr. Bald unterblieben Einladungen. Dadurch verhärtete sich das Selbstbild der Frau (»Ich bin eine unattraktive Person«) nur noch mehr. Ein Teufelskreis, der nach unten zieht. Unser Selbstbild ist ein mächtiger Hebel, der stark auf unser Verhalten einwirkt. Von ihm hängt unser gegenwärtiges Handeln ab – und das in der Zukunft. Schlecht, wenn das Selbstbild negativ ist. Die Frage kann daher nur lauten: Wie können wir unser Selbstbild positiv beeinflussen?

Mit positivem Selbstbild sind garantiert bessere Resultate möglich.

Das Selbstbild – Bremse oder Gaspedal

Unser Selbstbild bestimmt unser Leben. Wir werden zu dem, wie wir uns selbst sehen. Nicht, was wir waren, wo wir herkommen, was wir zurzeit sind, wirkt als Bremse – sondern die negativen Gedanken über uns selbst. Da alles, was wir in unseren Leben erreichen werden, auf unserem Selbstbild aufbaut, sollten wir demzufolge alles daransetzen, ein beflügelndes Selbstbild – und damit eine erfolgreiche Zukunft – zu schaffen.

Angenommen, du siehst dir einen Film bei Netflix an. Leider ist er ziemlich trostlos, langweilig, keine Spannung, nicht einmal ein Happy End. Würdest du dir den Film wieder und wieder ansehen, jeden Tag? Bestimmt nicht. Sicher würdest du einen anderen Film aussuchen, einen, der dich mehr anmacht.

Was sind deine größten Stärken?

Und wie gehst du damit in deinem Leben um? Warum schaust du immer noch das an, was du eigentlich nicht mehr sehen möchtest? Werde zum Regisseur deines Lebens.

Skizziere dein Selbstbild!

Tu so, als hätte man dich gebeten, ein Selbstportrait für das Nachschlagewerk »Who is who« zu verfassen. Beschreibe ehrlich deine Stärken und Schwächen. Frage dich: »Wie ist mein Istzustand? Wie sehe ich mich momentan?«

› ______________________________

____

____

____

____

____

____

____

____

____

Vom Istzustand ins Handeln

Was hast du zum Thema »Selbstbild« vor allem notiert: die Schwächen? Das, was schiefläuft, was du nicht kannst? Lies bitte erst weiter, wenn du deine Istsituation bestimmt hast. Sie ist für deinen Veränderungsprozess nämlich von ganz entscheidender Bedeutung. Schaue dir noch mal ganz bewusst die Notizen an, die dein Selbstbild ergeben. Bist du wirklich zufrieden? Trägt dich dieses Selbstbild in die Zukunft? Was sagt dein Gefühl dazu? Spürst du dabei Unzufriedenheit, Unbehagen, Unsicherheit oder gar Angst und Schmerz? Dann ist es höchste Zeit zu handeln. Im letzten Kapitel hast du es bereits kennengelernt, das »Schmerz-Freude«-Prinzip. Du weißt schon: Je mehr Schmerz du empfindest, desto leichter kommt ein Veränderungsprozess in Gang. Male dir dieses Szenario noch einmal aus: Was passiert, wenn du nichts veränderst?

Selbstbewusstsein, das ist die Fähigkeit, sich als Original zu fühlen, auch wenn man nur eine Kopie ist.

Wie entwickelt sich das Selbstbild?

An dieser Stelle müssen wir klären: Wie wird unser Selbstbild eigentlich entwickelt? Habe ich mein aktuelles Selbstbild selbst geschaffen oder ist es Produkt oder gar Diktat meiner Umwelt? Bin ich Herr/Frau über mein Selbstbild – oder lasse ich zu, dass es durch Meinungen, Handlungen und Überzeugungen anderer bestimmt wird?

Kann ich mein Selbstbild neu bestimmen? Die Antwort: ja! Um unser Selbstbild greifbar zu machen, stellen wir uns einfach ein Foto in unserem Gehirn vor. Es bildet unsere Werte und tief verwurzelten Überzeugungen ab. Aber es lagert auch unser Selbstvertrauen ein – also unsere Fähigkeiten, dass wir uns selbst vertrauen können. Werde dir selbst bewusst, dass du alle Fähigkeiten für ein erfülltes, erfolgreiches Leben bereits in dir trägst.

Ohne Überzeugung geht nichts

Je mehr du von dir überzeugt bist, desto größer ist dein Selbstbewusstsein und desto geringer die Abhängigkeit von den Meinungen und Überzeugungen anderer Menschen. Aus Untersuchungen wissen wir, dass es dabei sekundär ist, ob deine Überzeugungen den Tatsachen entsprechen oder nicht. Es ist im Moment auch nicht wichtig, was in der Vergangenheit schiefgelaufen ist. Viel wichtiger ist, wie du jetzt dein Selbstvertrauen aufbauen kannst.

Glaube versetzt Berge

»Mir geht es von Tag zu Tag besser und besser« – diese goldene Formel hat der Vater der Autosuggestion, Emil Coué, entwickelt, um mehr Zuversicht und Selbstbewusstsein zu gewinnen. Eine Formel, die du nach Belieben umwandeln kannst – zum Beispiel:

- »Ich werde erfolgreich sein!«
- »Ich werden handeln wie der Mensch, der ich sein werde.«

Gewiss, Glaube kann Berge versetzen. Aber zunächst sollten wir ein solides Fundament schaffen.

Eine Erfolgsliste erstellen

Nichts lähmt uns mehr als das Gefühl, etwas nicht zu können (»Das schaffe ich nicht«), nichts wert zu sein (»Ich bin ein Versager«), minderwertig zu sein. Solche Gefühle machen uns kraftlos und passiv – sie sind extreme Energieräuber. Ein erfolgreiches Gegenmittel: Mach dir deutlich und schreibe auf, was du alles kannst.

- Welche Fähigkeiten schlummern in dir?
- Welche Qualitäten hast du?
- Welches Hobbys hast du?
- Was kannst du besonders gut?
- Worauf kannst du stolz sein?
- Worin bist du Experte und kennst dich aus?

Das größte Problem vieler Menschen ist, dass sie sich selbst zu gering schätzen.

Kleinigkeiten sind wichtig

Scheue dich nicht, in die Liste deiner Erfolge auch alltägliche und scheinbar selbstverständliche Kleinigkeiten aufzunehmen. *Beispiele: »Ich kann gut genießen. Ich bin sehr empathisch. Ich komme leicht aus dem Bett. Ich bin umgänglich.«*

Je mehr Erfolgsmosaikstückchen du hier zusammentragen kannst, umso besser. Es ist sozusagen der Goldstaub, der auf deinem Selbstwertgefühl liegt.

Check: Mein persönliches Pluspunktekonto

Notiere hier, in welchen Bereichen es bei dir schon jetzt richtig gut läuft.
In diesem Pluspunktekonto soll auch Platz für selbstverständliche Kleinigkeiten sein.
Finde möglichst viele Beispiele!

› In Familie und Partnerschaft:

› Im Beruf und im Bereich Finanzen:

› In der Freizeit und im Sport:

Ein neues Selbstbild bestimmen

Betrachte nun noch einmal deine Ziele (von Seite 92), die du entworfen hast. Entfessle nun dein Potenzial. Entwickle Mut und Entschlossenheit, um dein neues Selbstbild zu bestimmen. Entwickle Vertrauen, dass in dir die nötige Kraft dafür schlummert. Oft reicht schon die Veränderung einer Überzeugung aus, um unser Selbstbild entscheidend zu beeinflussen. Vielleicht gehörst du zu jenen, die glauben: »Ich komme nicht ohne Süßigkeiten aus.« Du musst es jetzt schaffen, diese Überzeugung zum Beispiel gegen folgende auszutauschen: »Ich lebe gesund und genieße Obst.« Sprenge dein altes Selbstbild. Nutze die Dynamik des Erfolgachters, bringe dich in einen Zustand positiver Erwartungen. Aus diesem Gefühl heraus beschreibst du dein neues Selbstbild, das dich befähigen wird, deine Ziele zu verwirklichen.

Um ein neues Selbstbild zu entwerfen, braucht es Mut und Entschlossenheit. Oft reicht schon die Veränderung einer Überzeugung aus, um etwas zu bewegen.

Check: So werde ich sein!

Mein neues Selbstbild, mit dem ich meine Ziele verwirkliche, lautet:

› ______________________________

› ______________________________

› ______________________________

› ______________________________

› ______________________________

› ______________________________

Verpflichte dich schon heute so zu denken und zu handeln wie die Person, die du sein willst. Je emotionaler und je konsequenter du an die Sache herangehst, desto schneller setzt du deine positive Erfolgsspirale in Gang.

Die »So-tun-als-ob«-Methode

Kritische Menschen sind jetzt sicher skeptisch. Doch es ist so: Durch die Kraft des »So tun-als-ob« lässt sich enorm viel bewegen. Mache mal folgenden Versuch: Wenn du beim nächsten Mal im Büro oder zu Hause starken Stress oder Hektik verspürst, spiele doch einmal ganz bewusst die Ruhe in Person – tu so, als ob.

Denke daran: Unser Unterbewusstsein kann nicht unterscheiden, ob etwas Realität oder nur eine lebendige Vorstellung ist.

Dieser Plan kommt dir vielleicht etwas komisch vor. Doch du wirst schnell merken, dass sich die gespielte Ruhe nicht nur auf dich, sondern auch auf dein Umfeld überträgt. Tu so, also ob! Wir haben schon

Wie ich mein Verhalten erfolgreich steuere

1. ***Sieh dein Ziel.*** Halte das Bild deiner Vorstellung fest. Konzentriere dich fest darauf. Du kannst dein Unterbewusstsein nur in Gang setzen, wenn du dir dein Bild (deinen Wunsch) ganz bewusst vorstellst.

2. ***Überzeuge dich selbst.*** Wenn du nicht selbst von einer Sache überzeugt bist (»Ich kann das nicht«), wirst du nicht die nötige Kraft finden, einen Anfang zu machen. Du musst von deinem Ziel selbst überzeugt sein (»Ich kann das«). Schau nur nach vorn, verschwende keine Energie beim Zurückschauen.

3. ***Tu so, als ob.*** Wenn du dir eine Vorstellung von dem machst, was du gern sein möchtest oder was du erreichen willst, handle so, als ob du die Person schon wärst. Du wirst dich auf wundersame Weise deinem Ziel nähern.

mehrfach geklärt, dass unser Unterbewusstsein eine einzigartige Kraftzentrale ist. In unserem Unterbewusstsein steckt unglaublich viel Energie. Wenn wir dem Unterbewusstsein ein Ziel stecken, sucht es nach Wegen, dieses Ziel auch zu verwirklichen.

Du möchtest selbstsicherer werden? Selbst wenn du das im Moment noch nicht bist – tu doch einfach mal so, also ob du bereits selbstsicher wärst. Das wirkt Wunder.

Wie du dein Selbstbild aufpolierst

Überlege, mit welchen neuen, praktischen Erfahrungen du dein neues Verhalten unterstützen kannst. Du willst zum Beispiel mehr Mut und Zuversicht gewinnen:

- Trainiere für einen Marathon.
- Wage einen Fallschirmsprung.
- Lerne Stand-Up-Paddling.
- Mach einen Tangotanzkurs.

Schon mit Kleinigkeiten kannst du dein Selbstbild aufpolieren:

- Hole dir durch einen Urlaub eine gesunde Bräune.
- Gönne dir eine Woche Schönheitsfarm.
- Melde dich in einem Fitnessstudio an und bring dich in Form.
- Gestalte deine Wohnung neu.

> *»Die Entscheidungen waren nur der Anfang von etwas. Wenn man einen Entschluss gefasst hatte, dann tauchte man in eine gewaltige Strömung, die einen mit sich riss, zu einem Ort, den man sich bei dem Entschluss niemals hätte träumen lassen.«*
>
> Paolo Coelho, »Der Alchemist«

Der Dominoeffekt

Notiere nun, welche konkreten Schritte du unternehmen wirst, um dein Selbstbild weiter zu verbessern. Bedenke dabei: Es muss nicht alles auf einmal passieren. Aber ein paar Punkte musst du sofort ins Handeln bringen. Warum? Du musst den Dominoeffekt nutzen. Stelle dir eine lange Reihe dicht hintereinander aufgestellte Dominosteine vor. Wenn du den ersten Stein ins Fallen bringst, fallen auch alle anderen der Reihe nach um. Wenn du ein paar deiner Ideen sofort ins Handeln bringen kannst, werden andere Handlungen ganz automatisch folgen.

Vorsicht: Umwelt

Beim Versuch, dein Selbstbild positiv zu verändern, solltest du keinen Applaus von den Leuten aus deiner Nähe erwarten. Lass dich nicht durch deine Umwelt irritieren! Menschen haben in dieser rasanten Welt ein Grundbedürfnis nach Sicherheit. Neues Verhalten ist für die Menschen ein Unsicherheitsfaktor. Also leben zu viele lieber mit einem bekannten Problem als mit einer unbekannten Lösung. Vorsicht: Deine Umwelt könnte versuchen, dich zurückzuhalten: »Ach, bleib doch, wie du bist.« Unbewusst hat dein Umfeld vielleicht sogar Angst vor der »Spielregel der Resonanz«. Denn: Wenn du dich veränderst, entsteht bei anderen der Druck, sich eventuell auch verändern zu müssen. Ein Gefühl der Unsicherheit entsteht. Viele Grüße aus der Komfortzone.

Je stärker dein Selbstbild ist, desto mehr Energie steht dir für deine Weiterentwicklung zur Verfügung.

Begib dich an den Startblock und spring kopfüber ins Wasser. Wenn du erst einmal schwimmst, kommst du deinen Zielen stückweise näher.

Check: Vorsätze für eine Woche fassen

Was ich noch in dieser Woche tun werden,
um mein Selbstbild zu verbessern:

› ______________________________

› ______________________________

› ______________________________

› ______________________________

› ______________________________

› ______________________________

› ______________________________

› ______________________________

› ______________________________

› ______________________________

› ______________________________

› ______________________________

› ______________________________

› ______________________________

› ______________________________

Zwei unvergleichliche Ausbildungen:
Ausbildung zum Trainer & Speaker

Du willst Menschen mit deinen Reden und deinen rhetorischen Fähigkeiten faszinieren und begeistern? Du willst deine Zuhörer durch emotionales Storytelling in deinen Bann ziehen? Du willst als Trainer, Speaker, Unternehmer oder Führungskraft Menschen richtig inspirieren und motivieren?

Dann hol dir entscheidendes Wissen, praxisnahes Knowhow und unbezahlbare Insiderinformationen und sei bei unserer 6-tägigen Intensivausbildung zum Trainer und Speaker mit dabei. Denn je höher du auf deiner Karriereleiter kommst, desto mehr wird es eine Welt der Sprache werden.

Erfahre gebündelte Trainerkompetenz! Zusammen mit meinem Freund und Trainerkollegen René Borbonus, einem der renommiertesten deutschen Kommunikationstrainer, machen wir dich rhetorisch richtig fit, geben dir persönliche Strahlkraft und Souveränität.

»Es war eine unglaubliche Ausbildung mit Inhalten, die ich in dieser Tiefe nicht erwartet habe. Das Zusammenspiel von Jörg und René war überragend. Weltklasse!«

Klaus Ohnesorge,
Rechtsanwalt

Ausbildung zum Personal- & Businesscoach

Du bist Führungskraft, Unternehmer, Berater, Personalentwickler, Trainer oder Coach und möchtest deine Kompetenzen entscheidend entwickeln und dich mit dieser anerkannten und zertifizierten Ausbildung für die modernen Anforderungen in Job und Alltag fit machen? Dann vertraue mir sowie meinem erstklassigen Trainerteam und sei bei der nächsten Coachingausbildung mit dabei!

»Ich bin unglaublich stolz, dass ich mit einem in seiner Qualität einmaligen Trainerteam die wohl beste Coaching-Ausbildung auf dem Markt anbieten kann.«

Jörg Löhr

Du lernst:

- den kompetenten Einsatz wirkungsvoller Coachinginstrumente
- Coaching von Teams und Konfliktcoaching
- Optimierung von Führungsqualitäten
- Methoden zur nachhaltigen Motivation
- Möglichkeiten kennen, Potenziale freizusetzen, Blockaden zu überwinden und neue erfolgreiche Wege zu gehen

Es erwarten dich 6x3 Tage intensivste Ausbildung, die dich befähigen, andere Menschen erfolgreich zu machen. Und natürlich profitierst du auch persönlich enorm davon. Ich freue mich auf dich!

Was ist zu tun?

Wenn du dich für unsere Trainer- und / oder Coachingausbildung interessierst, oder Fragen dazu hast, dann melde dich bei Frank Löhr via Mail unter fl@joerg-loehr.com oder telefonisch und +49-821-3465466

Kapitel 7

WIE ICH TATSÄCHLICH INS HANDELN KOMME

Dieses Buch soll dich nachhaltig ins Handeln bringen und dir dabei helfen, dass du deine Ziele erreichst. Ziele zu erreichen, löst Glücksgefühle aus. Ziele zu erreichen, steigert dein Selbstwertgefühl.

Banal, aber entscheidend: Ein Ziel kannst du nur erreichen, wenn du dich auf den Weg machst. Mit Passivität löst du keine Herausforderungen, keines der Probleme. Mit jedem Tag, an dem du nicht ins Handeln kommst, werden deine Probleme nur größer – bis sie dir vielleicht über den Kopf wachsen und du den Mut vielleicht vollends verlierst.

»Es ist nicht genug, zu wissen, man muss es auch anwenden. Es ist nicht genug, zu wollen, man muss es auch tun.«

Johann Wolfgang von Goethe, Dichter

Töte das Monster, solange es noch klein ist. Warte nicht auf Wunder, gestalte dein Leben selbst. Nicht Wissen, sondern nur angewandtes Wissen führt dich zum Erfolg. Wenn dich vieles bisher noch nicht ins Handeln gebracht hat, liegt es daran, dass du mit deinem alten Verhalten mehr »Freude« assoziierst als mit dem manchmal mühsamen Prozess eines neuen Verhaltens. Rational weißt du, dass neues Verhalten gut für dich wäre, doch es reicht noch nicht, um den inneren Schweinehund, der dich daran hindert, zu überwinden.

Die »Wenn-dann«-Falle

Wir wissen alle, Müsli zum Frühstück ist vernünftig, besser als Schokocroissants. Doch der innere Schweinehund entscheidet sich für kurzfristige Freude: »Müsli ist fein, doch Schokolade kommt rein.« Das kannst du verändern.

Wir wissen alle, drei-, viermal wöchentlich Laufen im richtigen Pulsbereich steigert enorm die Lebenserwartung, die Kreativität, die Denk- und Leistungsfähigkeit. Leider erst langfristig. Kurzfristig schein es freudvoller, faul zu bleiben. Aufraffen bereitet Schmerz. Also schieben,

»Du kannst deine Arbeit nicht tun, wenn du nicht bereit bist, dein Werkzeug in die Hand zu nehmen.«

schieben und schieben wir. Irgendwann tappen wir auch noch in die tückische »Wenn-dann«-Falle: »Wenn das Wetter besser ist, dann werde ich mich zum Joggen aufraffen. Wenn das Projekt abgeschlossen ist, dann werde ich mich intensiver um meine Beziehung kümmern. Wenn erst das Haus fertig ist, dann … Wenn ich erstmal in Rente bin, dann …«

Wenn die Voraussetzungen passen, das ist leider so, dann wird dein Gehirn bestimmt neue Ausreden finden (oder sollte man sagen Überzeugungen liefern), warum es jetzt gerade wieder nicht geht. Aufschieberitis ist die beliebteste und einfachste Möglichkeit, um kurzfristig Schmerzen zu vermeiden. Leider kaufen wir diese kurzfristigen Freuden zum Preis des langfristigen Schmerzes ein.

Aufschieberitis gefährdet die Gesundheit

»Was du heute kannst besorgen, das verschiebe nicht auf morgen!« – Was Volkes Stimme sagt, bestätigen amerikanische Psychologen. Aufschieberitis gefährdet auf lange Sicht sogar die Gesundheit. Forscher begleiteten eine Gruppe von Studenten durch die Semester. Einige Studenten outeten sich zu Beginn als ständige Aufschieber. Diese Gruppe wurde öfter krank, zeigte mehr Stresssymptome und musste häufiger zum Arzt als die Kommilitonen, die ihre Aufgaben sofort erledigten.

Du entscheidest dich für dein Spiel

Jedes Spiel hat Spielregeln. Wenn du dich auf ein Spiel einlässt, solltest du auch die Spielregeln akzeptieren. Wenn du zum Beispiel Angestellter bist, ist klar, dass du deine Meinung, deine Gehaltswünsche nicht ganz so frei umsetzen kannst. Allerdings: Du hast das Spiel so gewählt. Wenn du Selbstständiger bist, gelten diese Regeln nicht. Dafür aber andere. Vielleicht eine 60-Stunden-Woche, wenig freie Wochenenden, der Druck der Banken. Diese Spielregeln sind der Preis für das Privileg, selbstständig zu sein.

Wenn du überzeugt bist, dein Leben ist genauso, wie du es immer wolltest – dann kann man dir nur gratulieren. Wenn du allerdings noch ein paar Stufen auf deiner Erfolgsleiter klettern willst, dann solltest du besonders eine Spielregel anerkennen, die Jean Baptiste Molière mal so formulierte: »Wir sind nicht nur verantwortlich für das, was wir tun, sondern auch für das, was wir nicht tun.«

Natürlich kannst du dich entscheiden, nichts zu tun. Das steht jedem frei. Aber jammern gilt dann nicht. Denn es stimmt, was Reinhard K. Sprenger schreibt: »Wer heute den Kopf in den Sand steckt, knirscht morgen mit den Zähnen.«

»Der Weg zum Ziel beginnt an dem Tag, an dem du hundertprozentige Verantwortung für dein Tun übernimmst.«

Dante Alighieri,
Dichter und Philosoph

Just do it!

Besser ist, wenn du Bewegung in dein Leben bringen willst. Dann ist deine Situation mit einem Billardtisch vergleichbar. Wenn du eine Billardkugel gekonnt anstößt, bringst du auch andere Kugeln ins Rollen. Dein Gehirn, dieser unvorstellbare Computer, bietet dir alle Voraussetzungen, um Veränderungen der Zukunft schnell vorzunehmen. Du kannst in jeder Sekunde neu anfangen und deine Lebensumstände neu bestimmen. Du hast jeden Tag die Wahl. Die Kombination des Tresors, in dem all dein Potenzial steckt, hat drei Buchstaben:

T U N

Wenn du mit deiner Situation, mit den Lebensumständen unzufrieden bist, wenn Ereignisse in dir ein schlechtes Gefühl erzeugen, musst du dich fragen: Kann ich durch mein Handeln etwas verändern?

- Wenn du diese Frage mit JA beantwortest – klar, dann musst du es anpacken (»Just do it«), dann musst du ins Handeln kommen.
- Wenn du diese Frage mit NEIN beantwortest, dann solltest du entweder deine Bewertung (Einstellung) oder deinen Blickwinkel (Gedanken) verändern. Dies sind deine einzigen Möglichkeiten und Chancen.

Gefühlsstau: Im Film »Falling Down« spielt Michael Douglas einen Typ, der zum Amokläufer wird. Der Auslöser: ein ganz banaler Verkehrsstau.

Konstruktives TUN

Ein bekanntes Beispiel: Verkehrsstau auf der Autobahn – du bist mittendrin. Langsam steigt die Übellaunigkeit. Was kannst du tun? Keine Ausfahrt in Sicht. Du kannst auch nicht ausscheren, einfach übers Feld brettern. Du steckst in der Falle. Der Stress des Ausgeliefertseins wird irgendwann körperlich fühlbar. Du kochst. Du kannst die Situation aber auch ganz anders bewerten, also deine Einstellung zu ihr verändern.

- Unterhalte dich interessiert mit dem Beifahrer.
- Tagträume.
- Mache ein paar Entspannungsübungen.
- Höre dir Podcasts oder ein Hörbuch an.
- Flirte mit einem anderen Staugeschädigten – natürlich nur, wenn du solo bist.

Aller Anfang ist schwer, aber dann ...

Sorge jedenfalls in einer Stresssituation dafür, dass du in einen guten Zustand kommst. Für deinen Körper ist es egal, ob er sich ärgert oder ob er sich gut fühlt. Er folgt einfach deinen Gedanken – und die kannst du beeinflussen. Vergleich deine Situation mal mit einem Auto, das du im Leerlauf anschieben willst. Bis der Wagen erst mal ins Rollen kommt, musst du sehr viel Energie aufwenden. Wenn er dann aber erst mal rollt, reicht verhältnismäßig wenig Kraft aus, um das Auto in Bewegung zu halten.

»Tue, was du kannst, mit dem, was du hast, genau da, wo du gerade bist.«

Theodore Roosevelt, amerikanischer Präsident

Drei Voraussetzungen, wenn dein TUN Erfolg haben soll …

Erste Voraussetzung: Du musst es selbst tun

Was tut ein kleines Kind, wenn es hinfällt? Es schreit. Was will es damit erreichen? Genau: Es will Mama oder Papa alarmieren. Die werden dann schon trösten und notfalls auch pflastern. Das Kind schiebt die Verantwortung ab. Darf es auch, denn Mama oder Papa übernehmen ja auch die Verantwortung für jede Aua-Situation.

Mach dir immer wieder klar: Gewinnen beginnt mit Beginnen.

Auch Erwachsene neigen noch dazu, anderen Verantwortung zuzuschieben. Viele scheren sich wenig um gesunden Lebenswandel. Sie rennen lieber zum Onkel Doktor, denn der ist ja schließlich für ihre Gesundheit verantwortlich. Kinder dürfen die Verantwortung abschieben, Erwachsene nicht. Denn nichts wird sich auf Dauer ändern, wenn du nicht selber etwas veränderst. Übernimm die Verantwortung für dich, für dein TUN, für alles, was passiert, jetzt und in der Zukunft. Werde zum Akteur deines Lebens. Wer Verantwortung übernimmt, besitzt Macht – Macht über sein Leben und über seine Gefühle.

Zweite Voraussetzung: Du musst es sofort TUN

Um neue Verhaltensweisen zu lernen, müssen alte, bestehende Muster bzw. Programme unterbrochen werden. Die einfachste Möglichkeit ist: sofort und massiv handeln. Denn im Gehirn schwirren schon Gedanken für mögliche Verhaltensveränderungen umher. Wenn du jetzt nicht sofort einen Handlungsimpuls setzt, gehen diese Gedanken stillschweigend verloren.

Durch die Arbeit mit diesem Buch hast du die konkrete Chance, Dinge zu verändern. Nutze sie, komme sofort ins Handeln, sonst werden deine Gedanken für persönliches Wachstum wie Seifenblasen zerplatzen. Starte am besten gleich jetzt kraftvoll mit ersten Aktionsschritten. Fülle deshalb auch die persönliche Erfolgsvereinbarung (Seite 168/169) aus. Vergiss nicht, rechts unten die Unterschrift eines Zeugen beizusteuern. Du weißt schon: externer Druck!

»Der eine wartet, dass die Zeit sich wandelt. Der andere packt sie kräftig an und handelt!«

Dante Alighieri,
Dichter und Philosoph

Die magische 72

Es gibt da eine Zahl, die sich in meinen Seminaren und in der Praxis als magisch erwiesen hat. 72! Bring das, was für dich wichtig und entscheidend ist, innerhalb von 72 Stunden ins Handeln. Denn bei allem, was du nicht in diesen ersten 72 Stunden angehst, sinkt die Erfolgschance auf unter 10%. Wohlgemerkt: Du musst es zunächst nur ins Handeln bringen, nicht schon abschließen. Das ist auch oft gar nicht möglich. Es ist aber möglich, für jedes Vorhaben einen Aktionsplan zu erstellen und einen ersten Punkt auf den Weg zu bringen. Eine ganz wichtige Rolle in diesem Aktionsplan spielen die drei folgenden Fragen:

Drei fundamentale Aktionsfragen für deinen Aktionsplan
Wer?
Was?
Bis wann?

Die Antworten auf diese Fragen führen direkt ins Handeln. Das gilt übrigens immer auch für Telefonate und Besprechungen. Willst du schon seit geraumer Zeit mit dem Rauchen aufhören? Entscheide es jetzt. Willst du abspecken? Dann entscheide jetzt, wie viel und bis wann.

Willst du deiner Beziehung neuen Schwung geben? Beginne jetzt damit. Um jetzt gleich deinen »Entscheidungsmuskel« zu trainieren, wähle bitte drei Dinge aus, die dich definitiv in den nächsten 72 Stunden ins Handeln bringen werden.

Lies bitte erst weiter, wenn du hier wirklich drei Entscheidungen für deine Zukunft getroffen hast. Probleme, Herausforderungen, Sachen, die du schon lange ins Handeln bringen wolltest.

Check: Was ich in den nächsten 72 Stunden ins Handeln bringe

1. ______________________________

2. ______________________________

3. ______________________________

»Für das Können gibt es nur einen Beweis: das Tun.«

Marie von Ebner-Eschenbach, Schriftstellerin

Dritte Voraussetzung: Beachte die Regeln des TUNs

Es gibt Veränderungen, die beschließt du einfach und kommst damit ins Handeln. Darüber hinaus existieren oftmals negative Verhaltensmuster, die es dir schwer bis unmöglich machen, deine Ziele zu erreichen. Um diese eingrenzenden Muster zu verändern, kannst du jetzt die zehn Schritte zur Verhaltensveränderung verwenden:

Die zehn Schritte der Verhaltensveränderung

1. Schritt: Istzustand

↓

2. Schritt: Zielzustand

↓

3. Schritt: Vereinbarung

↓

4. Schritt: Hebel

↓

5. Schritt: Unterbrechung

↓

6. Schritt: Alternative

↓

7. Schritt: Programmierung

↓

8. Schritt: Umwelt

↓

9. Schritt: Feedback

↓

10.Schritt: Belohnung

1. Schritt: Istzustand

Mache eine ehrliche Bestandsaufnahme deiner momentanen Lage:

- Was hält mich davon ab, dein Verhalten zu ändern?
- Ist es mangelndes Selbstbewusstsein?
- Stehen meine wichtigsten Werte in Konkurrenz?
- Gelingt es mir nicht, die richtigen Fragen zu stellen?
- Hapert es an meiner persönlichen Fitness?

2. Schritt Zielzustand

Lege nun deinen Sollzustand fest: Definiere ganz klar dein(e) Ziel(e).

- Woran werde ich merken, dass ich mein Ziel erreicht habe?
- Was muss ich dafür tun?

3. Schritt: Vereinbarung

Triff mit dir eine Erfolgsvereinbarung (auf den nächsten zwei Seiten). Entscheide dich ohne Wenn und Aber, alles zu tun, um dein Ziel zu erreichen. Du musst absolut bereit sein, den dafür notwendigen Preis zu bezahlen. Übernimm auch dafür die uneingeschränkte Verantwortung.

4. Schritt: Hebel

Nutze die Hebelwirkung des »Schmerz-Freude«-Prinzips. Sie kann die Kraft der Verhaltensveränderung um ein Vielfaches verstärken. Verbinde mit deinem alten Tun Schmerzen, falls sich nichts ändert. Verbinde dagegen neue Verhaltensweisen mit Freude.

Dafür stehen dir zwei Hilfsmittel zur Verfügung:

- Interner Druck, den du selbst erzeugst
- Externer Druck, der durch die Umwelt erzeugt wird

Besonders wirksam: die Kombination von internem und externem Druck.

Beides erhöht zusätzlich die Schmerzgrenze und setzt sofortiges Handeln in Gang. Internen Druck erzeugst du selbst. Externer Druck wird von deiner Umwelt erzeugt. Beispielsweise durch eine Wette. Manche finden mit einem Hund einen Freund, um endlich in die Gänge zu kommen und regelmäßig zu laufen (externer Druck). Manche melden sich beim Marathon an, erzählen Teil eins der Heldentat überall herum und müssen nun, wenn sie nicht als Angeber verschrien sein wollen, regelmäßig trainieren.

Ein fränkischer Bauträger gab mir bei unserem Erfolgsseminar »Einfach mehr ERFOLG!« einmal unaufgefordert eine Abbuchungserlaubnis über 20.000 Euro. Er wollte das Geld für einen wohltätigen Zweck spenden, falls er in den nächsten zwei Jahren eine einzige Zigarette raucht. Donnerwetter, echter externer Druck. Der wirkte. Der Franke ist bis heute Nichtraucher. Besonders wirksam ist die Kombination aus internem und externem Druck.

Check: Persönliche Erfolgsvereinbarung

von: ____________________

Ich verpflichte mich, dass …

- ____________________
- ____________________
- ____________________
- ____________________

Mein Ziel:

- ____________________
- ____________________
- ____________________
- ____________________

Mein Zeitrahmen:

- ____________________
- ____________________
- ____________________

Check: Persönliche Erfolgsvereinbarung

Mein Aktionsplan:

› ______________________________

› ______________________________

› ______________________________

Falls ich mein Ziel nicht erreiche, werde ich …

› ______________________________

› ______________________________

› ______________________________

____

Ort, Datum Unterschrift Zeuge

5. Schritt: Unterbrechung

Kennst du noch die guten alten Schellackschallplatten? Was hat man damals getan, wenn man einen Kratzer hatte und immer die alte Leier kam? Genau, man gab dem Schallplattenarm einen kleinen Schubser, und schwups ging es danach mit besseren Tönen weiter. Mit alten Programmen ist das auch so. Sie erzeugen immer wieder ähnliche Verhaltensmuster. Klar, für neues Verhalten musst du dein altes, automatisches Verhalten unterbrechen. Gib auch dir einen Schubser, sobald du bei dir immer wieder dasselbe alte Verhalten feststellst, das du an dir ändern willst. Das heißt, unterbrich sofort die alte Leier. Probiere es mit einer neuen Tour. Je verrückter das geschieht, umso besser. Denn umso schneller wirkt dann neues Verhalten.

Der »Ich-bin-ein-geiler-Typ«-Trick

Ein Seminarteilnehmer erzählte von seiner speziellen Variante der Unterbrechung. Immer wenn er merkte, jetzt wälze ich wieder mutlose, verzweifelte Gedanken, sagte er: »Stopp, ich bin ein geiler Typ!« und nahm dabei eine spannungsvolle Körperhaltung ein – ein Satz, der in der U-Bahn, im Hotel oder sonst wo nicht ohne Echo blieb. Passanten schauten irritiert, manche lächelten, und der geile Typ selbst musste über sich lachen. Ihm war ganz egal, was andere dachten. Viel wichtiger war, dass er sekundenschnell in einen anderen Gefühlszustand wechseln konnte. Inzwischen hat er die Unterbrecherformel auf ein ziviles »Stopp« verkürzt.

6. Schritt: Alternative

Du hast es geschafft, altes Verhalten zu unterbrechen oder verkümmern zu lassen? Warum aber führt das nicht prompt zu einem neuen Verhalten? Ein Phänomen: Jedes Verhalten (auch schlechtes) hat einen bestimmten Sinn oder Nutzen. Zigaretten bedeuten für Raucher Ent-

Härtetest Zigarette: Wer erfolgreich das Rauchen aufgeben will, muss sich alternative Befriedigung beschaffen.

spannung, den Geschmack von Freiheit und Abendteuer oder bloß das angenehme Ritual einer Arbeitspause. Dieser Nutzen ist einprogrammiert. Oder kennst du Menschen, die schon bei ihrer allerersten Zigarette ganz entspannt das Gefühl von Freiheit und Abenteuer erlebten?

Wohl kaum. Wenn Raucher also ihre Blaue-Dunst-Karriere aufgeben wollen, müssen sie den bisherigen Nutzen ihres Tuns durch eine neue Befriedigung ersetzen. Was machen die meisten? Richtig, sie kompensieren mit Naschwerk. Ungeliebte Nebenwirkung: Fettzellen. Da wächst leicht die Überzeugung: lieber ein schlanker Raucher als ein dicker Nichtraucher?

Wenn du altes Verhalten durch neues Verhalten ersetzen willst, solltest du zunächst checken: Welchen Sinn und Nutzen hatte meine alte Gewohnheit?

Wenn du ein altes Verhalten durch ein neues ersetzen willst, kläre bewusst ab, welchen Nutzen das alte Verhalten hatte. Was hat es befriedigt? Wie ist das mit der neuen Alternative? Um beim Beispiel Rauchen zu bleiben: Gehe spazieren, jogge, wenn du Entspannung suchst. Iss frisches Obst, wenn du orale Befriedigung willst. Entwickle Kreativität, wenn du dir auf alternative und vor allem gesunde Art und Weise Befriedigung verschaffen möchtest.

7. Schritt: Programmierung

Du musst nun dein neues Verhalten programmieren. Stichworte: »Wiederholung« und »emotionale Intensität«. Du solltest jetzt die Nervenverbindung zur Autobahn ausbauen.

- Wiederhole deshalb ständig dein neues Verhalten, bis es zu einem festen neuen Programm geworden ist.
- Visualisiere dein neues Tun, denn dein Gehirn kann ja bekanntlich nicht unterscheiden zwischen einer erlebten und einer sich intensiv vorgestellten Handlung.

Meide negative Menschen, also Leute, die dich herunterziehen, die dir nur Zeit stehlen, die dich nur von den wesentlichen Dingen ablenken.

Check: Meine neuen Gewohnheiten

1. ______________________________

____

2. ______________________________

____

3. ______________________________

____

- Bestärke dich, sprich dir Mut zu.
- Belohne dich.
- Alles ist erlaubt, was dir hilft, Widerstände des alten Verhaltensmusters zu überwinden.

Wie lange brauche ich eigentlich, um ein neues Verhalten zu programmieren? Das hängt natürlich davon ab, wie komplex dein neues Verhalten ist! Im Durchschnitt sind es 66 Tage. Deswegen konzentriere dich zunächst auf nur eine Verhaltensveränderung und setze deine Willenskraft dafür ein, 66 Tage durchzuhalten. Mir hilft bei der Umsetzung immer sehr das Poster, das du dir mit untenstehendem QR-Code herunterladen kannst. Was machst du damit? Setze jeden Abend einen Haken in das entsprechende Datumsfeld, wenn du dein neues Verhal-

Du kannst dir das praktische ***Umsetzungsposter*** *auch ganz einfach gratis herunterladen:*
joerg-loehr-events.de/buch

ten erfolgreich und diszipliniert durchgeführt hast. Eine kleine, visuelle Belohnung, die dir zeigt, dass du wirkungsvoll unterwegs bist, um motiviert 66 Tage dranzubleiben. Dann hast du nämlich dein Verhalten programmiert, sprich eine neue Gewohnheit, die kaum noch Willenskraft zur Durchführung benötigt.

Denke immer daran: Jede Veränderung beginnt mit einem starken Verlangen – dem Verlangen, wirklich etwas verändern zu wollen.

8. Schritt: Umwelt

Wenn du neues Verhalten erfolgreich ins Handeln bringen willst, ist Unterstützung von deiner Umwelt sehr wichtig. Nehmen wir an, du hast beschlossen, abzuspecken. Oder Beziehungsfrust nicht länger mit Dickmachern zu kompensieren. Dann muss deine Wohnung konsequent eine schokofreie Zone sein. Alles, was in Versuchung führen könnte, bleibt verbannt. Menschen, die von Drogen loskommen wollen, müssen den Mut haben, sich von ihrer Clique fernzuhalten, und sich nur noch mit Menschen umgeben, die ihnen Kraft und Mut geben. Wenn du beschließt, aus Gründen der Vernunft mit dem Joggen zu be-

Umgib dich mit Gleichgesinnten. Die gegenseitige Unterstützung steigert deine Motivation und hilft dir dabei, effektiv und nachhaltig dranzubleiben.

ginnen, aber Laufen nicht sonderlich prickelnd findest, dann musst du dein neues Tun interessant gestalten.

- Laufe mit Musik. Stell dir eine Playlist mit motivierenden Songs zusammen.
- Kaufe dir eine schicke, funktionelle Ausrüstung. Motto: Es gibt kein schlechtes Wetter, nur schlechte Kleidung.
- Schließe dich einer Gruppe (Lauftreff) an.

Übernimm die Verantwortung und kreiere eine Umwelt, die dich in deinem neuen Verhalten zu deinen Zielen beflügelt.

9. Schritt: Feedback

Beobachte, ob dein neues Verhalten schon etabliert ist. Wenn ja, mache mit Schritt Nummer 10 weiter. Wenn nein, »POPe«! Bleibe flexibel, verändere die bisherigen Handlungsschritte, bis du das gewünschte Ergebnis erzielst. In einer sich ständig verändernden Welt ist Flexibilität eine der wichtigsten Erfolgsfaktoren der Zukunft. Denke an deine Vereinbarung. Frage dich:

- Habe ich meine Ziele motivierend und klar definiert?
- Habe ich eine entsprechend wirksame Vereinbarung gemacht?
- Was kann ich tun, um den Druck zu erhöhen?
- War der Hebel stark genug?
- Hatte ich bei der Programmierung genug Geduld?
- Habe ich ein unterstützendes Umfeld kreiert?
- Woran kann ich noch etwas verändern?

Lass erst ab, wenn du siehst, dass das neue Verhalten bereits die erhoffte Wirkung zeigt. Wenn nicht, gehe zurück zu den Schritten 2, 3, 4, 5, 6, 7 oder 8 – und zwar so lange, bis du wirklich zufrieden bist mit dem Feedback, das du daraus ziehen kannst.

10. Schritt: Belohnung

Bestärke dich in deinem neuen Verhalten, wann immer es geht. Belohnung ist eine wirksame Verstärkung deines Tuns. Wenn du zum Beispiel dein Körperfett rapide verringern willst – sagen wir um fünf Prozent –, kann das Monate dauern. Sprich dir täglich, am besten jedes Mal, Mut zu, wenn du zum Obst greifst. Ermuntere dich, durchzuhalten. Je mehr du in diese positive, sich selbst bestärkende Spirale kommst, desto geringer ist die Gefahr, dass du in dein altes Programm zurückfällst.

- Freue dich, wenn du bei Süßem nicht schwach wirst.
- Freue dich, wenn du auch bei Regenwetter läufst.
- Belohne dich – häufig. Mit Worten und kleinen Gesten.
- Kaufe dir etwas Schickes.

Im übertragenen Sinn heißt das: Bringe durch Belohnungen im Körper kleine Glücksbällchen zum Platzen. Da werden Glückshormone freigesetzt. Die entwickeln dann einen eigenen Sog und bestärken dein neues Verhalten.

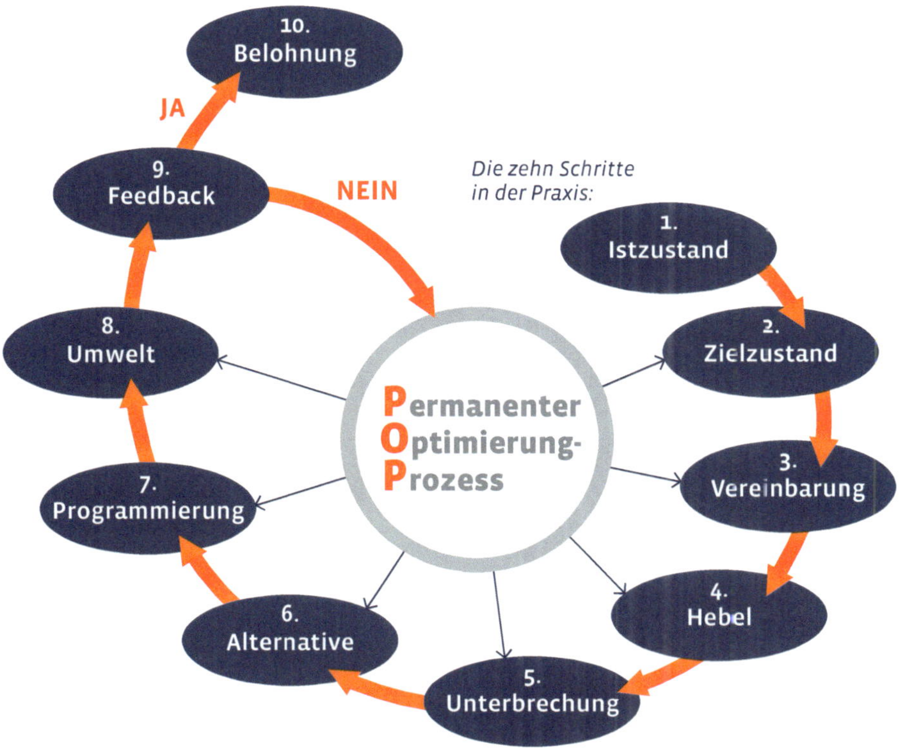

Kapitel 8

WIE ICH IN JEDER LEBENSLAGE MOTIVATION FINDE

Da liegt ein Team zur Halbzeit zurück. Und nach der Pause kommen die Kicker »wie verwandelt« zurück, die drehen plötzlich auf, haben Feuer, sind mit Einsatzfreude und Begeisterung im Spiel. Und was mutmaßt ein vermeintlich wissender Reporter in so einem Fall?

Richtig. Er spricht von der jetzt richtigen Motivation und vom Donnerwetter in der Kabine, von einer Gardinenpredigt gar, und bestimmt hätte der Trainer seine Spieler richtig rund (will heißen: »zur Sau«) gemacht. Also so viel steht hier fest: Wer so etwas sagt, hat vom Thema Motivation so gut wie keinen blassen Schimmer. Man darf Motivation nicht mit Motivierung verwechseln. Echte Motivation ist wie ein Feuer, ein Feuer der Begeisterung. Motivation ist ein brennendes Verlangen. Es wird vom Wollen, von unseren inneren Werten und Wünschen gespeist. Motivierung dagegen heißt Fremdsteuerung. Da stirbt die Flamme, sobald nichts mehr nachgelegt wird.

»Wenn das Leben keine Vision hat, nach der man sich sehnt, die man verwirklichen möchte, dann gibt es auch kein Motiv, sich anzustrengen.«

Erich Fromm,
Psychoanalytiker

Erfolgsfaktor Motivation

Puh! Mythos Motivation. Weil Motivation für jeden Erfolg von entscheidender Bedeutung ist, sollten wir tiefer in das Kapitel einsteigen. Größtes Missverständnis: Wer auf die Motivierung durch andere wartet, denkt völlig falsch. Wirksame Motivation kannst du von nirgendwo, von niemandem erwarten, von keinem Coach, Berater, Trainer, keinem Freund, keinem Psychologen oder Guru. Niemand kann uns Motivation frei Haus liefern. Und nicht mal dieses Buch über Erfolg wird dich mobilisieren, wenn du nicht mitziehst, wenn du nicht wirklich willst. Denn Motivation findest du nur in dir selbst. Allerdings: Dieses Buch will, soll und kann die nötige Inspiration liefern und Erfolgsstrategien aufzeigen. Alles andere liegt an dir und deiner Einstellung. Nur wenn du selbst die volle Verantwortung für dein Leben übernimmst, wirst du dich fortan auch selbst wirksam motivieren können.

Was Motivation ist

Das Lexikon erklärt: »Motivation ist die Bereitschaft zu einem bestimmten Verhalten. Motivation hängt von der inneren Bereitschaft und gewissen Außenreizen ab.« Fest steht: Motivation ist jene treibende Kraft im Leben, die unsere Gefühle und Handlungen bestärkt, erfolgreich zu sein. Motivation ist das Motiv für Aktion. Das Motiv – ja, es ist entscheidend. Wir kennen das aus der Kriminologie. Woran orientieren sich die Kommissare zuallererst, wenn sie einen Mörder suchen? Und was bringt sie fast immer auf die richtige Spur? Genau. Die Antwort auf die Frage: Wer hatte das stärkste Motiv für die Tat?

Motivation kommt vom lateinischen Wort »movere« (= sich bewegen). Motivation ist also die Energie, die alles in Bewegung bringt. Motivation, wie heißt es so schön, ist der Stachel im Hintern, der Ausdauer verleiht und Widrigkeiten überwinden hilft. Für viele Menschen ist es schwer, die nötige Motivation aufzubauen. Aber wie leicht lassen wir uns demotivieren.

Der innere Schweinehund als Motivationskiller

Jeder weiß, wie stark er sein kann – der Schweinehund in uns. Er knurrt und kläfft, wenn es unangenehm werden soll. Er winselt, wenn er hinter dem Ofen hervor soll. Und er blockiert unsere Handlungsfähigkeit, weil er es sich nun mal gern in seiner Komfortzone kommod macht. Ja, die größten Feinde der Motivation sind Selbstzufriedenheit und selbstgefällige Bequemlichkeit. Ein gefährlicher Zustand, denn er führt prompt in die Frustration. Wer dann erst einmal frustriert ist, wird noch pomadiger und lässt sich schnell verleiten, rascher aufzugeben, weil sein Blick für das, was wichtig ist, allmählich vernebelt. Wie war das noch? Hattest du nicht beschlossen, künftig besonderen Wert auf dein persönliches Wohlfühlprogramm zu legen? Wolltest du nicht das Rauchen aufgeben? Oder ein paar Pfunde loswerden? Und wie war das mit deinem Vorsatz für ein besseres Zeitmanagement? Wolltest du nicht prinzipiell mehr für deine Gesundheit tun? Wolltest du nicht mehr Bewegung in dein Leben bringen? Zum Beispiel regelmäßig joggen?

Was uns die Motivation rauben kann

Unfaire und negative Kritik

Unfaire Behandlung

Negative Erfahrungen

Versagensängste

Geringschätzigkeit

Das Fehlen eines klaren Ziels

Mangelnde Selbstachtung

Negative Selbstgespräche

Misserfolge

Mobbing

Vorgesetzte ohne natürliche Autorität

Die beiden Antriebskräfte

Was also hält dich zurück – in deiner Komfortzone? Warum fehlt der Antrieb, das letzte Quäntchen Motivation, um tatsächlich ins Handeln zu kommen?

Es gibt, wie schon im vorigen Kapitel ausführlich beschrieben, nur zwei starke Antriebskräfte in unserem Leben:

- Das Prinzip Freude: Wir wollen bewusst und unbewusst Spaß und Lust erleben und kommen schließlich ins Handeln, um uns auf ein erfreuliches Ziel zuzubewegen.
- Das Prinzip Schmerz: Wir versuchen bewusst und unbewusst, unangenehme Situationen (Druck, Angst) zu verhindern und kommen vor allem ins Handeln, um Pein zu vermeiden.

Alles, was wir tun, wird von unserem Gehirn nach diesem Gefühlsprinzip bewertet: Bringt es mir Schmerz oder Freude? Erst wenn der Anreiz oder der Druck groß genug sind, ändern wir unser Verhalten.

Externe Motivation

In unserem Arbeitsalltag werden häufig Belohnungen als eine Art universelles Dopingmittel (Prämien, Incentive-Reisen oder Ähnliches) verwendet. Sicher kann eine Belohnung die Zufriedenheit eines ohnehin motivierten Mitarbeiters steigern. Doch bei unmotivierten Kollegen wird dadurch prinzipiell kaum etwas bewirkt. Und wenn, allenfalls kurzfristig. Da strengt sich einer vielleicht so lange an, bis er die Belohnung kassieren kann, und lässt dann wieder nach.

Frage an Reinhard K. Sprenger, Unternehmensberater und Bestsellerautor (»Mythos Motivation«): Motivieren Belohnungen? Seine klare Antwort: »Nein. Belohnungen untergraben unser natürliches Interesse, eine Sache um ihrer selbst willen zu tun. Sie verhindern, dass wir uns für etwas engagieren, einfach, weil es uns Spaß macht.«

Wie motivierend wirkt Geld?

Motivation lässt sich nicht kaufen. Wer sich nur für Geld ins Zeug legt, wird langfristig kaum wirklich Erfolg haben. »Zwar ist der Glaube noch weit verbreitet, dass man durch Gehaltserhöhungen, Orden und Ehrenzeichen das Leistungsniveau anheben könne«, sagt der Psychiatrieprofessor Paul Matussek. »Aber nicht nur im Sport, dem von der Öffentlichkeit am stärksten beachteten Feld, auch in der Wissenschaft und Wirtschaft haben neuere Untersuchungen die alte Annahme als Irrtum aufgedeckt. Wer im Fußball nicht für 10.000 Euro sein Bestes gibt, tut es auch nicht fürs Zehnfache.« Spitzensportler betonen das immer wieder. Die meisten von uns haben es ihnen nur nicht geglaubt. Doch ein ums andere Mal bestätigen einige Kicker diese Tatsache.

Das Spiel mit der Angst

Externe Motivation ist in manchem Kontext auch problematisch. Zum Beispiel das Spiel mit der Angst. Hierzulande haben ohnehin schon drei Viertel der Arbeitnehmer Angst um ihren Arbeitsplatz. Wenn zusätzlich ein Chef diese Art des Drucks überzieht, kann das Mitarbeiter lähmen. Allerdings: Wenn Mitarbeiter sich absolut sicher und unkontrolliert fühlen, kann das manche auch zur Trägheit verführen. Psychologen fanden außerdem heraus:

- Leistungsbereitschaft entsteht erst dann, wenn diese absolute Sicherheit abnimmt. Dann wird der Mensch aktiv.
- Höchstleistungen kann ein Mitarbeiter nur erbringen, wenn ihn seine Angst anspornt, aber nicht blockiert.
- Wer Angst vor Fehlern hat, kann nicht kreativ sein.

> *»Echte Motivation erwächst niemals nur aus finanziellen Anreizen oder aus der Angst, vor die Tür gesetzt zu werden. Wer nur für sein Gehalt arbeitet und nicht, weil er das, was er macht, gern macht und/oder sich angeregt fühlt, es gut zu machen, wird immer nur so viel arbeiten, wie er muss, um sein Geld zu bekommen.«*
>
> Dale Carnegie,
> Erfolgsautor

Zuckerbrot und Peitsche?

Motivation mittels Peitsche – das ist leider immer noch eine weit verbreitete Methode. Nebenwirkungen und Nachteile dieser Methode:

- Sie erzeugt Stress.
- Sie zerstört Kreativität.
- Langfristig sind nur mittelmäßige Leistungen zu erwarten.
- Der Druck muss immer ein bisschen größer werden.
- Sobald der »Motivator« fehlt, endet auch die Motivation.

Interne Motivation

Kennst du die Geschichte vom kleinen Kälbchen, das nicht in den Stall wollte? Zwei starke Männer mühten sich, schoben und zerrten mit aller Kraft – vergeblich. Das Kälbchen blieb stur stehen. Bis ein kleines Mäd-

»Die meiste Energie gewinnt der Mensch nicht aus der Nahrung, sondern aus Begeisterung. Sie ist die wichtigste Energiequelle im menschlichen Leben. Begeisterung kann zu schier unmenschlichen Leistungen stimulieren.«

Dr. Peter Konopka, Sportmediziner

chen kam. Es gab dem Kälbchen seinen Finger, ließ es daran nuckeln und ging dann langsam zum Stall. Das Tier folgte dem Nuckelfinger, ganz freiwillig.

Einen Wunsch wecken. Ganz ähnlich funktioniert auch bei uns die interne Motivation. Sie ist die wirksamste Motivation – sie kommt von innen. Aber sie kommt nicht aus dem Kopf, sondern aus dem Herzen. Das wirkt. »Wenn du ein Schiff bauen willst, dann rufe nicht die Menschen zusammen, um Holz zu sammeln, Aufgaben zu verteilen und die Arbeit einzuteilen, sondern lehre sie die Sehnsucht nach dem großen, weiten Meer.« Es war der französische Schriftsteller Antoine de Saint-Exupéry (»Der kleine Prinz«), der diese schöne Metapher fand – für Begeisterung.

Motivationsquelle Begeisterung

Hingabe, Leidenschaft, Enthusiasmus. Wir sollten, wir müssen von dem, was wir tun, überzeugt – begeistert sein. Wenn wir begeistert sind, können wir fast alles schaffen. Wer begeistert ist, reißt auch andere mit, spornt sie an, bewegt sie. Das wiederum hilft für die eigenen Ziele. Keiner kann gezwungen werden, Außergewöhnliches zu leisten. Das kann nur der, der es wirklich will. Dein wirkliches Wollen ist also die unbedingte Voraussetzung.

- Begeisterung ist die Leidenschaft, die ungeahnte Kraft zum Handeln freisetzen kann.
- Begeisterung ist das Zündholz, das das Feuer im Kamin zum Brennen bringt.
- Begeisterung – das ist der Glanz in den Augen, das ist der persönliche Schwung, das ist die Vorfreude und Lust für eine Sache, die wir sehr wichtig finden – die wir unbedingt tun wollen. Deshalb ist es so wichtig, ein klares, attraktives Ziel zu finden und zu formulieren, für das sich Totaleinsatz lohnt. Dann kommen wir schneller und mit ganz anderer Intensität ins Handeln.

Das Feuer entfachen

Stelle dir dieses Ziel sehr realistisch vor. Stelle dir auch das Erreichen dieses Ziels in allen Einzelheiten vor. Durch diese »Visualisierung« löst du im Gehirn die nötige »emotionale Intensität« aus, die Begeisterung in Gang setzt und am Leben hält. Du kannst diese Visualisierungstechnik stärken und stützen, indem du Erfolge der Vergangenheit noch einmal möglichst bildhaft vor deinem geistigen Auge ablaufen lässt:

- Welche Herausforderungen/Probleme habe ich bereits erfolgreich gemeistert?
- Was war mein schönster Erfolg? Wie habe ich ihn erlebt? Was habe ich dabei gefühlt?
- Mit welchem Erfolg konnte ich überhaupt nicht rechnen – und wie ist er dennoch zustande gekommen?

Tipp: Wette!
Dann steigt die Chance, dass du dein Pensum auch durchhältst. Amerikanische Forscher fanden heraus, dass ohne Wette nur 20 Prozent ihre guten Vorsätze umsetzen, mit Wetteinsatz dagegen 97 Prozent erfolgreich waren.

Wie du bei dir Begeisterung erzeugst

Setze dir ein attraktives Ziel.

Verknüpfe dein Ziel mit guten Gefühlen (Freudeprinzip).

Entscheide dich für vollen Einsatz.

Setze dich bei allem, was du tust, voll ein.
Verbanne Halbherzigkeit aus deiner Gedankenwelt.

Tu das, was du gerade zu erledigen hast, bewusst, mit Spaß und voller Konzentration.

Wer das Gewöhnliche mit ungewöhnlicher Begeisterung mit Hingabe tut, wird Erfolg haben.

Beachtung schafft Verstärkung

Ein wesentlicher Motivationsgrundsatz lautet: Beachtung schafft Verstärkung. Mit anderen Worten: Konzentriere dich also auf deine Erfolge, auch auf deine vergangenen Erfolge. Je mehr du sie beachtest, umso mehr werden sie verstärkt – und das wiederum stärkt deine Motivation.

Sportler – die wandelnden Erfolgsbeispiele

Wir können in Sachen Motivation und Erfolg viel von Sportlern lernen und profitieren. Sport ist ganz häufig ein einfach wunderbares und wunderbar einfaches Modell. »Nirgends ist es offensichtlicher als im Sport, dass es nicht vorbei ist, bevor es vorbei ist«, sagt der Sportpsychologe Dr. James E. Loehr aus Orlando, Florida. Er hat in den letzten 40 Jahren Hunderte von Athleten betreut, darunter die Tennisspieler Monica Seles, André Agassi und Dan Jansen, den große Versagensängste plagten und der dann doch Olympiasieger im Eisschnelllaufen wurde.

Der amerikanische Sportpsychologe Shane Murphy ist seit Jahren mit Topathleten vertraut. Viele von ihnen hat er auf Olympia vorbereitet. Hier ihre wirksamsten Motivationsleitsätze.

Sport als Spielfeld für andere Lebensbereiche. Nirgends wird die Notwendigkeit von Stress und Erholung so deutlich wie im Sport. Nirgends wird klarer, dass neben Talent vor allem Durchsetzungskraft zählt. Nirgends lässt sich so gut aus Niederlagen lernen. Nirgendwo sonst wie im Sport wird allerdings auch so klar, dass der Weg zu innerer Stärke eine beschwerliche Reise ohne Ende ist.

Der Sportpsychologie, Wegbereiterin bei der Erforschung von Spitzenleistungen, verdanken wir neue, wichtige Erkenntnisse. Spitzensportler sind wie leibhaftige Fallbeispiele für die wichtigsten Erfolgsfaktoren. Durch sie wird deutlich, wie man seinen idealen Leistungszustand findet, welche mentalen und physischen Fähigkeiten entscheidend sind – und was sie motiviert.

Wie sich Spitzensportler erfolgreich motivieren

Ich setze mich immer hundertprozentig ein.

Sobald ich mir ein Ziel setze, bin ich bestrebt, es auch zu verwirklichen.

Ich bin stolz darauf, stets mein Bestes zu geben,
selbst wenn ich mein Ziel nicht erreiche.

Wenn ich mich einer Herausforderung gegenübersehe,
bemühe ich mich immer um persönliche Höchstleistungen.

Ich muss nicht immer perfekt sein, um meine Ziele zu erreichen. Was zählt,
ist die Bereitschaft, sich anzustrengen und sein Bestes zu geben.

Ich traue mir zu, mit jedem Problem fertig zu werden.

Mir gefällt die derzeitige Situation nicht, aber ich kann damit umgehen.

Ich kann das Verhalten anderer Menschen nicht ändern.
Aber ich kann meine Reaktion darauf ändern.

Das Leben ist zu kurz, um sich wegen irgendwelcher Kleinigkeiten
aufzuregen.

Ich weiß, dass es mir gelingt, in jeder Situation Kontrolle
über mich zu behalten.

Ich bin bestrebt, ständig dazuzulernen. Es gibt immer Möglichkeiten,
die eigene Leistung zu verbessern.

Meine Fehler sind eine hervorragende Infoquelle. Sie zeigen mir,
wo ich meine Stärken noch ausbauen kann.

Der einzige Stress, den es für mich gibt, ist der Stress,
den ich mir selbst mache.

Quelle: Shane Murphy

Die Jetzt-erst-recht-Motivation

»Du musst es von dir selbst erwarten, nur dann wirst du es tun – und auch schaffen«, sagt Michael (»Air«) Jordan. Die wahrscheinlich größte Basketballlegende verfehlte einst als Kind sein großes Ziel, das Collegeteam. Aber nach den ersten Tränen trainierte er umso härter. Bis heute wird das Tun des »Außerirdischen« mit 100 Million Euro im Jahr vergütet. Geschätztes Vermögen: 2 Milliarden Euro.

Wie kein anderer verkörpert Michael Jordan als Symbolfigur des American Dream, wie erfolgreich man mit dem Motivationsmotto »Jetzt erst recht!« werden kann. »Das schaffst du nie« – ein populärer Satz, der schon auf vielen abgeladen wurde. Verbales Niedermachen wirkt oft glatt demotivierend, doch bei vielen kann es besonders starke Antriebskräfte freisetzen. Wer Erfolgsstorys genauer betrachtet, wird feststellen, dass nicht wenige Topkarrieren im Grunde aus Trotz in Gang gekommen sind: Um es dem Alten zu beweisen, um es der Welt zu beweisen – um es sich selbst zu beweisen.

Wie du deinen Motivationsauslöser findest

Was treibt dich, was spornt dich besonders an? Welcher Anreiz ist für dich so stark, dass du wirklich dein Bestes zu geben bereit bist? Ist es manchmal vielleicht auch der »Jetzt-erst-recht-Ehrgeiz«? Oder willst du anderen nacheifern (»Wenn der das kann, kann ich das auch!«)? Fest steht: Jeder verfügt über ein spezielles Armaturensystem. Welcher Auslöseknopf muss also gedrückt werden, um bei dir interne Motivation auszulösen?

> *»Der stärkste Trieb der menschlichen Natur ist das Streben nach Anerkennung.«*
>
> William James,
> Psychologe und Philosoph

Vor vielen Jahren entwickelten Sportpsychologen einen interessanten Test: die Motivatorenanalyse. Damit konnte sie die Allerbesten aus dem Feld der Besten herausfiltern. Sie forschten nach Denk- und Gefühlsgewohnheiten bei Erfolgserlebnissen, die jeder dann folgend selbst aktivieren kann und die letztlich motivieren und beflügeln, um über sich selbst hinauszuwachsen.

Was besonders motivierend wirkt

Die Lust, selbst in Aktion zu sein

Das Vorbild anderer (»Was der kann, kann ich schon lange«)

Die Erinnerung an alte Erfolge

Die attraktive Perspektive

Die totale Erfüllung der Aufgabe

Das Wohlgefühl während der Aktion

Das Wettkampfprickeln

Der Kick der Alleinverantwortung

Der mitreißende Teamspirit

Die Außenstimulation

Die Anerkennung von außen

Das starke Sicherheitsgefühl durch die gute Vorbereitung

Erinnere dich jetzt bitte an ein für dich persönlich wichtiges Erfolgserlebnis. Frage dich:

- Welche Motivatoren spielten bei deinem Erfolgserlebnis eine wichtige Rolle?
- Welche Motivatoren treffen für dich nicht zu?

Spiele das Erfolgserlebnis noch mal in allen Einzelheiten in deinem Kopf durch. Frage dich:

- Was hörst und siehst du?
- Was sagst du in dieser Situation?
- Wie hast du dich damals vorbereitet?

Rufe dir bitte noch ein weiteres Erfolgserlebnis in Erinnerung und spiele es ebenfalls in allen oben genannten Punkten durch. Und wiederhole die Aufgabe mit noch drei weiteren Erfolgserlebnissen.
Du kannst auf diese Weise erkennen:

- Was dich erfolgreich motiviert.
- Unter welchen Umständen du über dich hinauswächst.
- Was du dir in Erinnerung rufen musst, wenn du dich selbst motivieren willst.

Das Selbstmotivationsprogramm S-M-A-R-T

»Man muss nur wollen!« – Dieser gute Vorsatz allein reicht noch nicht aus. Gute Vorsätze lösen sich meistens schnell in Luft auf, weil die Motivation nach dem ersten Misserfolg häufig flöten geht. Die Folge: mentale Durststrecken – weil wir zu wenig darüber wissen, wie Motivation eigentlich funktioniert und wie wir uns immer wieder selbst motivieren können.

Ziele sorgen für Vorfreude, sie geben also Anfangsmotivation und Willenskraft zum Durchhalten.

Selbstmotivation ist unsere positive Energiequelle – die wichtigste, die jedem zur Verfügung steht. Sie sprudelt, wenn wir uns Ziele setzen. Aber diese Ziele müssen erreichbar sein, Schritt für Schritt. Die Strategie der kleinen Schritte ermöglicht Zwischenresultate, kleine Erfolgserlebnisse. Sich Ziele setzen, diese Ziele nicht aus den Augen verlieren. Misserfolge und Rückschläge wegstecken können – das ist schwer. Aber: Jeder kann das lernen.

S – Setzen von Zielen

Wer sich wirksam motivieren will, braucht ein Ziel vor Augen. Ziele geben die Anfangsmotivation (Vorfreude) und Ziele geben die ebenso wichtige Willenskraft zum Durchhalten. Hier noch einmal die wichtigsten Punkte, die du beachten musst:

- Das Ziel muss positiv formuliert sein.
- Das Ziel muss in überschaubaren Zeiträumen erreichbar sein.
- Das Ziel muss konkret formuliert sein.
- Das Ziel muss in deiner Macht stehen.
- Das Ziel muss erreichbar sein.

M – Muster erkennen

Jeder von uns verfügt über unbewusste Verhaltensmuster, nach denen er handelt. Erst wenn du dein Muster erkennst, weißt du, was bei deinem Ziel für dich Priorität hat.

A – Aktion installieren

In dieser Phase verbindest du dein Ziel mit deinem persönlichen Muster und schaust schon mal auf dein privates Siegerfoto: Male dir selbst den Moment aus, wenn du dein Ziel erreicht hast. Stelle dir die Situation attraktiv vor.

Du bist der Regisseur, der das Bild gestalten kann. Wenn du zum Beispiel gern bei schönem Wetter läufst, sollte bei der Zielankunft deines ersten Marathons in deinem Film die Sonne lachen. Schaue dein Bild noch einmal an und formuliere einen detailgenauen Text:

- Ich kann ... erreichen.
- Ich will es an diesem ... Tag erreichen.
- Ich kenne auch schon den genauen Ort. Und zwar ...
- Ich spüre das unglaubliche Gefühl beim Erreichen des Ziels.

R – Ressourcen

Um dein Ziel zu erreichen, schreibe ein genaues Aktionsprogramm mit diesen Details:

- Die richtige Unterstützung (allein, zu zweit, im Team?)
- Das richtige Maß (wie hart will ich dafür arbeiten?)
- Der richtige Augenblick (wann werde ich dafür arbeiten?)
- Die richtige Regelmäßigkeit (wie oft will ich was dafür tun?)
- Das richtige Trainingsprogramm (was genau tue ich dafür?)

T – Test

Nichts ist demotivierender, als ein gestecktes Ziel zu verfehlen. Deshalb solltest du hin und wieder überprüfen, ob du auch auf dem richtigen Weg bist.

»Der Plan ist der Vater des Erfolgs, die Aktion ist die Mutter des Erfolgs.«

Alexander Christiani, Speaker

- Schaue regelmäßig dein Ziel an und vergleiche die Fortschritte mit deinem mentalen Bild.
- Bei mangelnder Motivation lies dir deinen »Filmtext« noch einmal laut vor und lasse dabei Bilder vor deinem geistigen Auge ablaufen. Sei kritisch: Nur selten ist das Aktionsprogramm gleich beim ersten Versuch perfekt. Ändere gegebenenfalls die Ressourcen, aber verändere nicht dein Ziel.

»Der beste und schnellste Weg zum Erfolg ist, Erfolgreiche zu beobachten und es ihnen nachzumachen.«

Jean-Claude Killy, dreifacher Skiolympiasieger

Gut, die Motivation ist da. Das Wissen auch. Aber das Wissen allein, wie wichtig oder wie gut etwas ist, reicht oft nicht aus.

Die Umsetzung kostet immer noch gewaltige Kraft und Überwindung, denn da sind oftmals Gewohnheiten zu ersetzen, und das ist ein meist herausfordernder Prozess. Deshalb:

- Schiebe nichts auf die lange Bank. Lasse einem guten Vorsatz, deiner Entscheidung immer sofort eine Tat folgen. Mache wenigstens einen ersten kleinen Teilschritt.
- Mache deine neue Sache zur Gewohnheit, die du regelmäßig ausübst. Erst wenn du eine Tätigkeit wirklich zu einer neuen Gewohnheit machst, musst du nicht jedes Mal wieder so viel Energie aufbringen wie beim ersten Mal.
- Gestatte dir keine Ausnahmen. Bleibe konsequent. Ausnahmen torpedieren Gewohnheiten. Du würdest dir schon bald eine weitere Ausnahme gestatten – was alles nur unnötig erschwert. Das amerikanische Sprichwort ist leider wahr: »The exception kills.«

Kleine Tricks für eine erfolgreiche Selbstmotivation

**Besinne dich regelmäßig auf deine eigenen Stärken.
Frage dich zum Beispiel täglich:**

Was habe ich heute gut gemacht?

Was hat mich heute weitergebracht?

Worauf kann ich stolz sein?

Erinnere dich auf dem Weg zu einem neuen Ziel an alte Erfolge und das gute Gefühl, das du dabei hattest.

Arbeite mit positiven Affirmationen, um dein Selbstbewusstsein zu stärken.
»Ich mache meine Sache richtig gut.«
»Ich bin innerlich sehr stark und halte durch.«
»Ich gehe meinen Weg motiviert und willensstark.«
»Ich weiß, dass ich erfolgreich sein werde.«
Positive Affirmationen stabilisieren die Motivation.

Denke dir große Aufgaben klein.
Große Aufgaben verlieren ihren Schrecken, wenn du sie in handliche Portionen zerlegst und die dann nacheinander anpackst.

Lobe dich selbst, wenn du etwas gut hingekriegt hast.

Belohne dich zwischendurch selbst für kleine Erfolge.

Verzweifle nicht an schwierigen Aufgaben und Problemen.
Betrachte jede schwierige Situation als Chance zur Bewährung. Und obendrein als Chance, die persönliches Wachstum ermöglicht.

Lege deine Lieblingspowermusik auf, wenn du dich schnell positiv aufladen willst.

Spring auf der Stelle. Mache kraftvolle Bewegungen. Das ist der erste Schritt, wenn du aus der Lethargie in Aktion kommen willst.

Kapitel 9

WIE ICH MEINE ERFOLGS-CHANCEN VERBESSERE

Manchmal laufe ich nach einem Seminartag noch los. Nein, dann ist Laufen nicht schiere Lust wie sonst oft. Dann muss auch ich mich überwinden. Aber hinterher, da fühle ich mich richtig gut. Ich brauch das. Schon allein wegen der Optik. Ein Bäuchlein würde ich als persönliche Katastrophe betrachten. Ich funktioniere nur optimal, wenn ich mich auch körperlich wohlfühle – Körperbewusstsein als Basis für Leistung.

Vor Konzerttourneen pflegen sich Rockmusiker besonders auf Touren zu bringen – zum Beispiel die Scorpions. Wochen vorher trainieren sie eisern mit einem Firnesstrainer, täglich strampeln sie auf Fahrradergometern und ernähren sich bewusst. Sänger Klaus Meine: »Die Bühnenshow ist anstrengend wie ein Marathonlauf. Wenn ich jeden Abend mehr als 100 Prozent geben will, muss ich im besten Sinne fit for fun sein.« Fitness als Basis für Belastbarkeit.

Erfolgsfaktor Fitness

»Bewegungsmangel ist nicht nur ein gesundheitlicher Risikofaktor, sondern in der Berufswelt zunehmend auch ein Aufstiegshindernis auf der Karriereleiter.«

Prof. Dr. Volker Rittner, Sportsoziologe

»Vom Schwergewicht zum Wohlfühl-Ich« ist das Motto des ehemaligen Gewichthebers Matthias Steiner, denn der Olympiasieger hat es geschafft, 45 Kilo abzunehmen – und das mit einer Ernährungsumstellung statt der klassischen Diät. Als er 2008 in Peking die erste Goldmedaille für Deutschland im Superschwergewicht gewann, kommt es zu einem der wohl emotionalsten Momente der deutschen Fernsehgeschichte im Sport: Bei der Siegerehrung nimmt er die Goldmedaille mit einem Foto seiner erst kürzlich verstorbenen Frau Susann entgegen und widmet ihr die Medaille. Matthias Steiner war Welt- und Europameister und wurde als Sportler des Jahres ausgezeichnet. 2012 findet Matthias Steiner privat ein neues Glück. Im Jahr darauf beendete er seine Profilaufbahn. Doch seine Erfolgsstory geht weiter. Seither schreibt er zusammen mit seiner Frau Bücher und betreibt ein Onlinefitnessprogramm. Matthias Steiner hält Vorträge zum Thema Diät, Gesundheit und Fitness. Da er seit vielen Jahren Diabetiker ist, informiert er über die Krankheit und will mit seiner Erfahrung motivieren und inspirieren. Immer wieder betont er, wie sehr sich das Körpergewicht auf sein Wohlbefinden und somit auch auf die nachhaltige Motivation, Dinge anzupacken, ausgewirkt hat. Fitness also als Basis für Wohlbefinden, Wohlbefinden als Basis für Erfolg. Eine Kausalreaktion, die eine bedeutende Rolle in der Erfolgsstory vieler Menschen spielt.

Wie eng körperliche Fitness und geistige Leistungsfähigkeit gekoppelt sind, ist mittlerweile durch viele Forschungsergebnisse belegt. »Sportlich Aktive sind sowohl sozial aktiver und leistungsorientierter als auch beruflich erfolgreicher«, weiß Professor Dr. Volker Rittner, der bis 2011 Leiter des Instituts für Sportsoziologie an der Deutschen Sporthochschule in Köln war.

»Bewegungsmangel ist das Resultat einer in wenigen Jahrzehnten vollzogenen Technisierung und Automation. Die Wandlung unseres Lebensstils hat zwar die Umwelt verändert, aber nicht unser Erbgut.«

Prof. Dr. Wildor Hollmann,
Arzt, Forscher und Manager

Fitness als Karrierekick

In den USA und auch bei uns in Deutschland ist Fitness längst ein Statussymbol – und wichtiges Kriterium für den Karrierekick. Fest steht: Dauerhafte berufliche Höchstleistungen sind nur möglich, wenn man gesund lebt. Über 70 Prozent der Großunternehmen bieten ihren Mitarbeitern spezielle Wellnessprogramme an. Natürlich nicht ohne Hintergedanken. Jeder in die Gesundheit investierte Dollar zahlt sich dreifach aus, das beweist eine Studie der Pepsi Company. Weil die Mitarbeiter weniger krank werden und insgesamt belastbarer sind. Wer körperlich fit ist, bietet dem Alltagsstress weniger Angriffsfläche. Die sogenannte Stresstoleranz wächst. Das ist empirisch belegt.

Auch hierzulande hat sich diese Einsicht mittlerweile durchgesetzt. Laut einer Umfrage glauben in Deutschland 98 Prozent, dass Fitness den beruflichen Aufstieg erleichtert. Tatsächlich wählen viele Personalleiter nicht mehr nur nach fachlicher Kompetenz aus. Bei gleicher

Qualifikation ist der Faktor Fitness meist ausschlaggebend. Dabei ist Fitness mehr als Muskelstärke, Ausdauer, Kraft, Beweglichkeit und ein leistungsfähiges Herz-Kreislauf-System.

Der Faktor Fitness, der immer mehr an Bedeutung gewinnt, setzt sich zusammen aus den folgenden Komponenten:

- Ein richtiges Maß an Bewegung
- Bewusste Ernährung
- Regelmäßige Entspannung

»Workout ist eine Metapher für das Leben. Pack es richtig an, dann gibt es dir alles zurück.«

Henry Rollins,
Musiker

Wenn du fit bist: 15 Vorteile für den Job

Du fühlst dich ausgeruhter, die Arbeit macht mehr Spaß.

Du bist belastbarer und kannst besser mit Stress umgehen.

Du bist dynamischer und kreativer.

Du siehst besser aus, wirkst jünger (besseres Image).

Du strahlst mehr Energie aus.

Du gewinnst Selbstvertrauen.

Du wirst geduldiger.

Du wirst kontaktfreudiger.

Du wirst seltener krank.

Du bist weniger anfällig für typische Büroleiden
(z.B. Rücken- und Kopfschmerzen).

Du traust dir mehr zu.

Du übernimmst lieber Verantwortung.

Du triffst leichter Entscheidungen.

Du wirst als Kollege mehr geschätzt, weil sich
mit deinem Wohlbefinden auch deine Laune bessert.

Du wirst ausgeglichener und gelassener.

Das Bewegungswunder

Sport ist Mord – das reimt sich zwar schön, aber trotzdem ist dieser beliebte Spruch der größte anzunehmende Unsinn, der über die moderne Lebensführung kursiert. Das Gegenteil trifft zu: Sich regen bringt Segen. Bewegung ist die beste Therapie und kann uns von vielem befreien: unter anderem von Rückenschmerzen und Depressionen. Aktive Menschen verlieren Pfunde und gewinnen gute Laune und Wohlbefinden. Bewegung bringt dich in Form. Ein richtiges Maß an Bewegung ist der Schlüssel zu einem besseren Leben.

»Erschöpfung macht uns alle zu Feiglingen.«

Dr. James E. Loehr, Sportpsychologe

Bewegung ist und bleibt die beste Möglichkeit, Stress vorzubeugen. Durch Muskelarbeit verbrennst du Blutfette und Zucker, du steigerst deine körperliche Stabilität, Kraft und Konzentration.Und schließlich hilft Bewegung dir, dass du dich und deinen Körper wieder bewusst wahrnimmst.

Eine umfassende Studie des US-Gesundheitsministeriums bestätigt, welche Vorteile regelmäßiges Training bringt

- Die Lebenserwartung steigt (um durchschnittlich 3 ½ Jahre).
- Das Risiko von Herz-Kreislauf-Erkrankungen (Herzinfarkt), Diabetes und Darmkrebs sinkt.
- Die Herz(schlag)frequenz sinkt, das Herz wird größer und leistungsfähiger.
- Das Blut wird fließfähiger, das Herz spart Pumpenergie.
- Die Atmung wird tiefer und kräftiger.
- Die Lungenkapazität verbessert sich.
- Die Knochen, Gelenke und Bänder werden stärker.
- Das Gehirn wird besser durchblutet, das Denken geht schneller.
- Der Stoffwechsel arbeitet reibungsloser.
- Das Immunsystem (Abwehrkraft) wird gestärkt.
- Stress wird besser verkraftet, weil die Stresshormone Kortisol, Adrenalin und Noradrenalin langsamer und in geringerer Konzentration ausgeschüttet werden.

Bewegungsmangel und die Folgen

Der Krankmacher Nummer eins hat einen hässlichen Namen: Hypokinese – Bewegungsmangel. Viele bezeichnen das als typische Zivilisationskrankheit. Sie tun so, als könnten sie nichts dagegen tun.

Wir müssen zunächst einsehen: Als faule Hunde sind wir eine Fehlkonstruktion. Nein, wir sind nicht dazu geschaffen, nichts zu tun. »Wie vor Jahrtausenden gilt die biologische Grundregel: Struktur und Leistungsfähigkeit eines Organs werden bestimmt von Qualität und Quantität seiner Beanspruchung«, weiß Professor Wildor Hollmann von der Sporthochschule Köln. Bewegung ist nun mal im Betriebsplan unseres Gesamtstoffwechsels vorgesehen. Nur bei ausreichend Bewegung funktioniert unser Herz-Kreislaus-System auf Dauer optimal und reibungslos.

Kraftaufbau

Hattest du schon mal Pech mit einem Arm- oder Beinbruch, hattest du mal wochenlang einen Gips? Dann weißt du ja, wie dramatisch und schnell Muskulatur und Kraft abbauen. So ähnlich ist das auch bei einem Körper ohne Bewegung: Wenn die Funktionsfähigkeit stark eingeschränkt ist, sind Krankheiten und frühzeitiges Altern fast immer die unvermeidliche Folge.

»Die körperliche Leistungsfähigkeit kann nur über ein regelmäßiges, langfristig durchgeführtes Training und einen gesunden Umgang mit dem Körper gesteigert werden. Und das erfordert Geduld.«

Prof. Dr. Klaus-Michael Braumann, Sport- und Bewegungsmediziner

2,5 bis 3,5 Kilogramm Muskeln verlieren wir pro Lebensdekade und damit folglich jede Menge Kraft. Wenn du dich mit einem gezielten Krafttraining fit hältst, wirkst du diesem Prozess aktiv entgegen. Deine Knochen, Sehnen und Gelenke bleiben durch konsequentes und regelmäßiges Krafttraining stabil. Zudem erhältst du gemeinsam mit einem gesunden Herz-Kreislaufsystem deine Leistungsfähigkeit. Du wirkst jünger, agiler und bleibst somit auch länger selbstständig.

Welche positiven Effekte hat körperliche Fitness im Beruf?

98 Prozent der befragten Deutschen sind der Meinung, dass regelmäßiges sportliches Training auch berufliche Vorteile mit sich bringt.

	Frauen	Männer	gesamt
Man geht mit mehr Freude an die Arbeit	51	60	56
Besseres Aussehen	37	28	32
Seltener krank	65	74	70
Man wirkt dynamischer	34	47	41
Man ist belastbarer	76	78	77
Man wirkt jünger	17	17	17
Besseres Image	14	10	12
Man strahlt Energie und Selbstdisziplin aus	24	26	25
Nichts davon	2	1	1
Sonstiges	2	2	2

Alle Angaben in Prozent. Mehrfachnennungen möglich.

Quelle: Fit For Fun

Körper und Psyche

Wie eng die physische und die psychische Verfassung gekoppelt sind, drückt sich in vielen Redewendungen aus – da steckt die Weisheit und Wissen um die ganzheitlichen Zusammenhänge drin:

- Mir bleibt die Luft weg.
- Es stockt mir der Atem.
- Mir fällt die Decke auf den Kopf.

- Das Problem bereitet mir Kopfschmerzen.
- Das schlägt mir auf den Magen.
- Der frisst alles in sich hinein.
- Mir dreht sich der Magen um.
- Das kann ich nur schwer verdauen.
- Das hängt mir zum Hals raus.
- Das finde ich zum Kotzen.
- Da läuft mir das Wasser im Munde zusammen.
- Der kann den Hals nicht voll genug kriegen.
- Das Wasser steht ihm bis zum Hals.

Wie viel Bewegung braucht der Mensch?

Um gesund und fit zu sein, ist weder ein muskelbepackter Body noch anstrengendes Hochleistungstraining nötig. Schon minimales Bewegungstraining bringt's. Als wirksames Pensum empfiehlt der amerikanische Fitnesspapst Dr. Kenneth Cooper (Institute für Aerobic Research, Dallas) neuerdings nur »moderate Bewegung«.

- Dreimal 30 Minuten pro Woche (aerobes) Ausdauertraining
- Zwei- bis dreimal 20 Minuten pro Woche Krafttraining der wichtigsten Muskelgruppen

Eine neue Alltagslogistik muss her

Sein Direktor Dr. Steven Blair meint zu Recht: »Eine neue Alltagslogistik muss her, in der Bewegung ihren festen Platz hat – genau wie Zähneputzen. Der Mensch wird ja auch nicht mit einer Zahnbürste im Mund geboren und trotzdem putzt er sich jeden Tag die Zähne.«

Verschaffe dir regelmäßig Bewegung

Fitness und Gesundheit kann man leider nicht bequem kaufen, ebenso wenig wie die Motivation, aktiv zu werden. Für den Zustand des eigenen Körpers sind weder Ärzte noch die böse Umwelt zuständig – sondern nur du selbst. Es klingt banal, aber so ist es nun mal: Wenn du also deine körperliche Leistungsfähigkeit verbessern willst, bist du selbst gefordert.

Was Sport bringt...

Sportart	Effekte für den Körper	Effekte für die Psyche	Transfereffekt für den Beruf
Ausdauersport (Radfahren, Joggen etc.)	Verbesserung des Herz-Kreislauf-Systems, Verringerung von Risikofaktoren, Gewichtsabnahme	Ausgeglichenheit, allgemeine Steigerung des Wohlbefindens, Zunahme der geistigen Ausdauerleistung	Erhöhte Stresstoleranz, bessere Belastbarkeit, stärkere Konzentrationsfähigkeit und Ausdauerleistung
Rückschlagspiele (Tennis, Squash etc.)	Förderung des Koordinationsvermögens und der Schnelligkeit, Verringerung der Risikofaktoren	Entspannung durch Anspannung. Der Wettkampfcharakter sorgt für Druck, der sofort wieder aufgebaut wird	Förderung der Selbstdisziplin und Konzentrationsfähigkeit; erhebliche Stärkung des Durchsetzungsvermögens
Inlineskating	Verbesserung des Herz-Kreislauf-Systems, Verringerung der Risikofaktoren, Gewichtsabnahme	Gefühl der Leichtigkeit und der Harmonie mit sich selbst	Unkonventionelle Herangehensweise an Probleme, risikoreicheres Handeln
Fitnesstraining	Stärkung von Kraft und Ausdauer (Verringerung von Risikofaktoren), Stabilisierung und Aufbau der Muskulatur	Mehr Selbstbewusstsein durch gesteigerte Attraktivität, Entspannung	Erhöhte Disziplinfähigkeit (bei regelmäßigem Training), sichereres Auftreten (»aufrechter Gang«)
Tauchen	Stärkung der Beinmuskulatur bei gleichzeitiger Entlastung des Bewegungsapparats	Abtauchen in eine andere Welt, Entspannung durch das Naturerlebnis, Angstbewältigung	Sich ohne Angst »in unbekannten Gewässern« bewegen können; neue Aufgaben meistern
Körperbetonter Ballsport (Fußball, Handball etc.)	Stärkung von Schnelligkeit, Koordination und Ausdauer (Verringerung von Risikofaktoren)	Aggressionsabbau, starkes Gemeinschaftsgefühl	Steigerung des Durchsetzungsvermögens, stark verbesserte Teamfähigkeit

Was Sport bringt…

Volleyball	Vor allem Training von Schnelligkeit und Koordination	Extreme Teamorientierung (jeder individuelle Fehler wird sofort bestraft)	Verbesserung der Fehlertoleranz (bei sich und anderen)
Segeln	Lediglich mittlere Verbesserungsperspektiven bei der Koordination	Das Gefühl, »neue Horizonte« gesehen zu haben, regt die Fantasie an. Förderung des Verantwortungsbewusstseins	Verbesserung der Fähigkeit, Probleme effizient zu beurteilen und zu lösen (das Denken »über den Horizont hinaus«)
Surfen	Stärkung der Rumpf- und Oberschenkelmuskulatur	Das Begreifen der eigenen Grenzen beim Spiel mit Wind und Wellen, Respekt empfinden	Gegebenheiten anerkennen und respektieren, Dinge realistisch einschätzen können
Tanzen	Sehr hohe Verbesserungsperspektive bei der Koordination, mittlere bei der Beweglichkeit	Stärkung des Selbstbewusstseins (Koordination komplexer Bewegungsabläufe), starkes Harmonieempfinden	Erhöhte Risikobereitschaft, etwas Neues auszuprobieren, Dinge zu realisieren, die man vorher für unmöglich hielt
Golf	Hohe Verbesserungsperspektive bei der Koordination	Das positive Denken wird gefördert. Man lernt, komplexe Abläufe zu berechnen und umzusetzen	Verbesserung der Konzentration, Erhöhung der Stresstoleranz
Kampfsport (Karate, Judo etc.)	Trainiert fast alle sportmotorischen Grundfertigkeiten in höchstem Maße (bis auf Ausdauer)	Förderung des Selbstwertgefühls	Führt zu mehr Gelassenheit, Selbstkontrolle und Standfestigkeit
Flugsport (Gleitschirm etc.)	Ausdauer (bei Gleitschirmpiloten, die den Berg zu Fuß besteigen)	Glücksgefühle (Adrenalinausschüttung), mehr Selbstbewusstsein durch die Überwindung der Furcht	Weniger Angst vor wichtigen Entscheidungen – sie können schneller und präziser werden

Wie du jederzeit im Alltag auf Trab kommst

- Steige Treppen, statt den Lift oder die Ro ltreppe zu nehmen.
- Gehe für Besorgungen (zum Einkaufen) zu Fuß oder nimm das Fahrrad.
- Nutze die Mittagspause für einem Spaziergang.
- Gehe ein paar Minuten in höherem Tempo (Walking).
- Stehe und gehe beim Telefonieren (fördert klares Denken).

Wenn du täglich durch dein sportives Tun wenigstens 150 Kalorien verbrennst, hast du schon ein erstes Zeichen gesetzt.

Wie lange du dich bewegen sollst, hängt von der Intensität und Frequenz (weniger Kraft, mehr Zeit) ab. Eine Viertelstunde Treppensteigen oder Schnee schaufeln haben die gleiche Wirkung wie 45 Minuten Volleyball.

Hilft viel Bewegung der geistigen Leistungsfähigkeit?

Rund die Hälfte der befragten Personen meinten, dass Training ihre geistige Leistungsfähigkeit positiv beeinflusst.

	Frauen	Männer	16 – 29 Jahre	30 – 45 Jahre
Immer	51	50	44	56
Manchmal	41	43	43	41
Selten	8	4	11	1
Nie	0	3	2	2

Alle Angaben in Prozent. Mehrfachnennungen möglich.

Quelle: Fit For Fun

Erfolgsfaktor bewusste Ernährung

Wer mehr von seinem Körper will, der muss ihm auch mehr geben – so simpel ist die Versorgungsformel für körperliche Bestform. »Der Mensch ist, was er isst« – manche Menschen können diesen alten Klassiker von einem gewissen Ludwig Feuerbach (1850) vielleicht schon nicht mehr hören. Aber besser lässt sich der enge Zusammenhang zwischen Ernährung, Körpergefühl und Leistung einfach nicht auf den Punkt bringen.

Zu viel, zu fett, zu süß – das sind die Hauptmängel unserer alltäglichen Ernährung. Die meisten sind heute nur noch Sitzriesen – sie ernähren sich aber, als wären sie körperliche Schwerstarbeiter.

Vernünftige Ernährung, also die richtige Nahrung, die richtigen Mengen in der richtigen Zusammensetzung zum richtigen Zeitpunkt – auf diese Erfolgsfaktoren hast du großen Einfluss.

Zehn gute Gründe fürs Schlanksein

Schlanksein ist einfach gesünder. Das Risiko von Diabetes und Herzinfarkt sinkt. Schon fünf bis zehn Prozent weniger Gewicht senken Blutdruck und Cholesterin. Die Vorteile:

Du alterst langsamer.

Du lebst mit ziemlicher Sicherheit länger.

Du ersparst dir viele Selbstzweifel und Demütigungen.

Du wirkst attraktiver.

Du hast mehr Spaß am Sex.

Du hast mehr Ausdauer.

Du bist leistungsfähiger.

Du hast bessere Karrierechancen.

Du fühlst dich einfach besser, stärker, selbstsicherer, belastbarer.

Die Risikofaktoren

Die allermeisten Krankheiten, von denen wir niedergestreckt werden, haben direkt mit unserer Lebensweise zu tun. Sie sind also vermeidbar. Zum Beispiel durch mehr Bewegung und Fitnesstraining oder Verzicht.

- Rauchen erhöht das Herzinfarktrisiko im Alter zwischen 30 und 50 Jahren um 500 Prozent.
- Dauerstress führt häufig zu Kopfschmerzen, Schwindelgefühlen, Herz-Kreislauf-Störungen, Verdauungsproblemen und auch zu sexuellen Störungen.
- Ein Cholesteringehalt von 250 Milliliter je 100 Milliliter Blut verdoppelt das Infarktrisiko. Wenn du es schaffst, deinen Cholesterinspiegel um zehn Prozent zu senken (unter 200), reduzierst du das Risiko um 25 Prozent.
- Zu hoher Blutdruck kann Herz- und Hirninfarkt auslösen.
- Falsche Ernährung gilt mittlerweile als Hauptursache für Leiden wie Arteriosklerose, Herzinfarkt, Diabetes, Magen-Darm-Erkrankungen, verschiedene Krebsarten – und natürlich Übergewicht.

Wie die Ernährung, so die Leistung. Wer sein Leben erfolgreich meistern will, sollte also bewusst auf die Ernährung achten.

Damit kommt dem, was wir täglich auf unseren Teller legen, eine immense Bedeutung zu. Das sollten wir allerdings nicht als Belastung empfinden, sondern als Chance werten: Wenn wir beizeiten den Grundstein legen, können wir durch eine bewusste Ernährung aktiv dazu beitragen, dass es uns besser geht – vor allem, wenn wir älter werden (wollen).

Die zehn goldenen Ernährungsregeln

1. Verbote sind verboten

Alles, was verboten ist, gewinnt an Reiz. Du nimmst dir vor, keine Schokolade mehr zu essen – von dem Moment an denkst du öfter denn je an die süße Versuchung, wetten? Der umgekehrte Effekt: Stelle dir vor, du müsstest jeden Tag eine Tafel Schokolade essen. Sofort entsteht innere Abwehr. Der Appetit ist gebremst. Iss lieber mit Lust, Genuss und ein wenig Verstand, anstatt dich ständig damit zu beschäftigen, was du nicht essen solltest.

2. Pause zwischen den Mahlzeiten

Lege zwischen deinen Mahlzeiten bewusste Essenspausen ein. So können die Stoffwechslungsvorgänge der Verdauung optimal ablaufen. Außerdem arbeiten energieüberladene Zellen schlechter. Muss der Körper auf seine Speicher zurückgreifen, bringt es ihm sogar zusätzliche Energie. Fünf Stunden Pause zwischen den Mahlzeiten sind hierbei ein gutes Maß. Eine andere Möglichkeit bietet auch das »intermittierende Fasten 16/8«, bei welchem 16 Stunden lang keine Nahrung zugeführt wird.

»Der Körper braucht neben der Zufuhr von Energie auch immer wieder Hungerphasen, dafür ist er ausgelegt. Der Magen darf ruhig mal knurren.«

Prof. Dr. Andreas Pfeiffer, Endokrinologe

3. Lerne, deinen Hunger richtig zu deuten

Gerade heute verfallen wir Menschen immer wieder dem »emotional eating«. Das heißt, wir essen, wenn uns langweilig ist, wenn wir gestresst oder traurig sind etc. Frag dich deshalb: »Habe ich tatsächlich gerade Hunger?«. Wenn du dann tatsächlich Hunger hast, helfen auch ein Stück Obst, Gemüse oder eine Handvoll Nüsse. Denn wer auf Vorrat isst, obwohl er keinen richtigen Hunger hat, verzehrt automatisch mehr.

Unser Gehirn, das aus ca. 86 Milliarden Neuronen besteht, beansprucht ca. 25 Prozent (!) unseres gesamten Nährstoffbedarfs.

4. Lerne, auf deinen Körper zu hören

Ein gut trainierter Essinstinkt ist ein verlässlicher Wegweiser zur gesunden Ernährung. Denn unsere innere Stimme führt meist zu der Nahrung, die wir gerade am dringendsten brauchen. Voraussetzung ist, dass die ursprünglichen Appetit- und Sättigungssignale nicht von entgleisten Essgewohnheiten überlagert werden.

5. Iss langsam

Es dauert 15 bis 25 Minuten, ehe der Magen Sättigungssignale ans Hirn schickt. Lege zwischendurch mal das Besteck aus der Hand, wenn du dich nicht unnötig vollstopfen willst. Iss in kleinen Bissen. Warte nach Möglichkeit zehn Minuten, ehe du einen Nachschlag verlangst.

6. Iss und kaue bewusst

Werde zum Feinschmecker, der jeden Bissen genießt und gründlich kaut. Frei nach dem Motto »Gut gekaut ist halb verdaut.« Denn das Aufspalten schlecht gekauter Nahrung fordert den Verdauungsorganen eine Menge Arbeit ab. Außerdem verbessert das Kauen die Nährstoffaufnahme, und diese sind folglich für die Zellen leichter verfügbar. So wirst du durch weniger Nahrung sogar mehr Nährstoffe aufnehmen.

7. Vorfahrt für Beilagen

Nicht dem Fleisch gebührt der meiste Platz auf dem Teller, sondern den Beilagen. Verdopple vor allem deinen Gemüse- und Salatanteil. Neben den Klassikern Kartoffeln, Reis und Nudeln bieten sich auch Beilagen wie Quinoa oder Hirse an. Hirse beispielsweise liefert wertvolle Nährstoffe, besondere Spurenelemente sowie schützende Antioxidanzien. Quinoa ist unter anderem ein sehr guter Eiweißlieferant.

Tipp für einen besonders frischen und schwungvollen Start in den Tag: Trinke gleich nach dem Aufstehen zwei Gläser lauwarmes Wasser mit Zitronensaft. Das hilft gegen Übersäuerung und stärkt dein Immunsystem durch gesundes Vitamin C.

8. Trinke viel Wasser

Der menschliche Körper besteht zu über 70% aus Wasser. Wasser regelt unter anderem die Herz-Kreislauf-Funktion, ist Transportmittel für Nährstoffe und Lösungsmittel für Salze und Mineralstoffe. Ein Mangel an Wasser führt daher bei Menschen zu gravierenden gesundheitlichen Problemen. Trinke daher täglich zwischen 2 und 3 Liter Wasser zu 3 bis 4 verschiedenen Trinkzeiten.

9. Gehe mit der Natur

Wer sich an das hält, was Jahreszeit und Landschaft zu bieten haben, fährt auf jeden Fall gesund. Frisches, naturbelassenes Obst und Gemüse der Saison ist in der Regel reif, hat genügend Sonne getankt, um den vollen Gehalt an Vitaminen und Mineralstoffen zu entwickeln. Außerdem sorgen die Jahreszeiten für Abwechslung und Genuss.

10. Werde zum Pflanzenfresser

Pflanzliche Nahrung enthält die meisten gesundheitsfördernden Substanzen und ist dabei ausgesprochen fett- und kalorienarm. Erstens haben die in Obst und Gemüse enthaltenen Ballaststoffe (Pektine) im Magen-Darm-Trakt eine fettbindende Wirkung. Zweitens bist du schneller satt. Fünfmal täglich Obst und Gemüse und ein guter Teil davon als Rohkost wäre für eine gute Nährstoffversorgung optimal.

»Ich bin sowohl Vegetarier als auch leidenschaftlicher Anti-Alkoholiker, weil ich so besseren Gebrauch von meinem Gehirn machen kann.«

Thomas A. Edison,
Erfinder und Entdecker

Ein Beispiel, wie es ganz leicht funktioniert:

- Einmal frisches Obst oder Gemüse
- Ein Glas Gemüsesaft (am besten frisch gepresst)
- Einmal gedünstetes Gemüse als Beilage
- Einmal frisches Obst als Pausensnack
- Eine nicht zu kleine Portion Salat

Bereichere zusätzlich deinen Speiseplan durch Nüsse und Sprossen! So bist du jederzeit bestens mit allen wichtigen Pflanzenschutzstoffen versorgt.

Erfolgsfaktor bewusste Entspannung

Entspannung heißt das neue Zauberwort für den Weg nach oben. Keiner kann ständig nur auf Hochtouren laufen, auf der Überholspur leben, voll durchpowern. Du kannst auf Dauer nur erfolgreich sein, wenn du trotz äußeren Drucks lässig, leistungsfähig und liebenswürdig bleibst. Wenn du in brenzligen Situationen einen kühlen Kopf bewahrst, wenn dir Konzentration und Kreativität nicht abhanden gehen. Wenn du innerlich ausgeglichen bist. Wie fast immer im Leben kommt es auf ein gesundes Gleichgewicht an: auf ein ausgewogenes Verhältnis zwischen Arbeit und Muse, zwischen Anspannung und Entspannung. Erholung, Pausen zum Kräfte sammeln. Auszeiten müssen sein, sonst verlierst du Spannkraft, Gesundheit und brennst aus (Burnoutsyndrom). Auch hier kommt es also wieder auf deine Einstellung an.

Arbeitest du entspannter, wenn du Sport treibst?

Etwa jeder zweite Befragte gab an, dass ihm regelmäßiger Sport ein entspanntes Arbeiten ermöglicht.

	Frauen	Männer	16 – 29 Jahre	30 – 45 Jahre
Immer	36	37	32	41
Manchmal	51	52	54	50
Selten	7	8	8	7
Nie	6	3	6	2

Alle Angaben in Prozent. Mehrfachnennungen möglich.

Quelle: Fit For Fun

Wie du mehr Widerstandskraft gewinnst

- Akzeptiere deine eigenen Bedürfnisse.
- Gewinne eine positive Einstellung zu dir.
- Lache auch mal über dich selbst.
- Nimm dir Zeit für Dinge, die du gerne tust.
- Lerne, auch mal »Nein« zu sagen.
- Miss dich nicht ständig mit anderen.

- Schaffe dir Ruhe- und Rückzugszonen, um wieder zu Kräften zu kommen.
- Genieße eigene Erfolge, ehe du wieder neue Herausforderungen anpackst.
- Versuche, den wunderbaren Sinnspruch des schwäbischen Theologen Friedrich Christoph Oetinger zu beherzigen:
  »Herr, gib mir die Gelassenheit, die Dinge hinzunehmen, die ich nicht ändern kann. Verleihe mir den Mut, Dinge zu ändern, die ich ändern kann, und schenke mir die Weisheit, das eine vom anderen zu unterscheiden.«

Wer vorankommen will, muss auch loslassen können – deshalb immer Ruhephasen und Rückzugszonen einplanen!

Entspannung will gelernt sein

Immer mit der Ruhe? Nimm dir die Zeit. Schaffe dir eine angenehme Umgebung, einen behaglichen, ruhigen Raum. Oder gehe an die frische Luft, in die Natur. Entspannung kann man nicht einfach nur wollen. Entspannung ist etwas Aktives. Zum Beispiel Sport. Entspannung muss man erfühlen und erleben. Zum Beispiel mit Hobbys oder als aktiv genutzte Freizeit. Entspannung heißt: ganz einfach loslassen, sich eine Weile ausklinken. Ganz bewusst und hingebungsvoll. Hier einige Beispiele:

- Spazieren gehen
- Lesen
- Sport, z.B. Yoga
- Kochen
- Gemütlich Musik hören
- Kuscheln
- Saunabesuch

Entspannung heißt: Ent-Spannung. In schwierigen Situationen also erst ein paar Mal tief durchatmen. So bekommst du wieder einen klaren Kopf.

Wenn in deinem Leben diese Balance zwischen Anspannung und Entspannung gestört ist, entsteht irgendwann unweigerlich ein Gefühl der Leere, der inneren Unruhe und Unzufriedenheit – des Misserfolgs. Du empfindest Stress.

Zehn leichte Wege, sich schnell zu entspannen

1. **Mach mal Pause:** Unterbrich einfach eine für dich stressige Situation. Sammle dich.

2. **Gehe weg:** Verlass erst mal den Ort deines Ärgers, dreh ihm den Rücken zu.

3. **Strecke dich:** Stress erzeugt Muskelverspannungen. Wenn du deine Muskeln dehnst, empfindest du weniger Anspannung.

4. **Kaue:** Viele neigen bei Stress dazu, die Zähne aufeinander zu beißen. Lockere deinen Unterkiefer, schiebe ihn hin und her, sodass die Kiefermuskeln entspannen.

5. **Hör Musik:** Mit spezieller Beruhigungsmusik kannst du dich erfolgreich besänftigen.

6. **Tauche in warmes Wasser:** Im Büro wirst du kaum in eine Wanne steigen können, aber lass wenigstens heißes Wasser über die Hände (Puls) laufen. Das fördert wohltuend die Durchblutung.

7. **Durchatmen:** Wer gestresst ist, atmet automatisch schneller und flacher. Nimm eine aufrechte, entspannte Haltung ein. Diese kann im Stehen, Sitzen oder auch im Liegen sein. Atme bewusst, ruhig, gleichmäßig und tief in den Bauch – so lange, bis du entspannter geworden bist.

8. **Gähne:** Normalerweise signalisiert der Körper auf diese Weise sein Verlangen nach frischer Luft. Aber Gähnen ist auch die natürlichste Form der intensiven Tiefenatmung.

9. **Visualisiere:** Schließe die Augen und tauche mit deiner Vorstellungskraft total und mit allen Sinnen in deine Lieblingskulisse ein. Etwa ans Meer oder auf eine Alm. Achte auf Geräusche, Düfte, fühle den Wind, die Sonne.

10. **Beweg dich:** Wenn du Aggressionen unterdrückst, Frust schiebst oder Stress hast, laufen zahlreiche Körperfunktionen auf Hochtouren und belasten den Organismus. Befreie dich durch Bewegung. Denn die durch Bewegung vermehrt produzierten Hormone (Endorphine und Serotonin) neutralisieren die Stresshormone. Natürlich denkt man bei Bewegung im ersten Moment vielleicht an Joggen, Schwimmen, Fitnessstudio oder Yoga etc. Aber auch einfach Bewegen am Arbeitsplatz wie zum Beispiel mehrmaliges Aufstehen und Hinsetzen oder Treppensteigen kann für die Stressreduzierung enorm effektiv sein.

Wie du optimal mit Stress umgehst

Stress heißt eigentlich: Ich habe Angst, etwas nicht zu schaffen. Aber Stress muss nicht zwingend etwas Negatives, Stress kann auch durchaus eine positive Energiequelle sein. Stress ist immer ein subjektiver Faktor, der sich oft nur im eigenen Kopf entwickelt. Stressstabilität ist die Basis für jeden Erfolg. Diese Stressstabilität kannst du selbst steuern und trainieren.

»Ich habe Stress« – dieser Satz taugt nicht mehr als Statussymbol. Gefragt sind jetzt eher Gelassenheit, Leichtigkeit, Liebenswürdigkeit – also Stressstabilität.

Der erste Schritt ist einfach: Entscheide dich einfach gegen Stress! Du hast nämlich fast immer die Wahl: Du kannst unabänderliche Tatsachen akzeptieren oder aber ständig gegen Windmühlen ankämpfen. Auch Stressreaktion wie Angst, Ärger und Aufregung haben damit zu tun, wie hoch deine Stresstoleranz ist. Mit Stresstoleranz ist übrigens ein »dickes Fell« gemeint.

Hast du nach dem Training bessere Ideen?

Nur zwei Prozent der 30- bis 45-Jährigen gaben an, dass Training ihre Kreativität nicht verbessert.

	Frauen	Männer	16 – 29 Jahre	30 – 45 Jahre
Immer	15	31	21	28
Manchmal	56	50	45	60
Selten	23	16	27	10
Nie	6	3	7	2

Alle Angaben in Prozent. Mehrfachnennungen möglich.

Quelle: Fit For Fun

Hattest du schon Vorteile durch Sport?

Für diese Befragung wurden ausschließlich Personen mit »guter« oder »sehr guter« Fitness herangezogen. Die meisten profitieren im Beruf von ihrer Fitness.

	Frauen	Männer	gesamt
Hatte weniger Probleme, einen Job zu finden	25	18	21
Wurde schneller befördert	0	6	3
Hatte besseres Ansehen bei den Kollegen	13	27	20
Wurde vom Chef als besser eingeschätzt	12	19	16
Sonstiges	22	21	21
Hatte keine Vorteile	43	43	43

Alle Angaben in Prozent. Mehrfachnennungen möglich.

Quelle: Fit For Fun

Der zweite Schritt ist nicht ganz so leicht.
Finde Distanz und die »richtige« (positive) Einstellung:

- Zu sich selbst und zu anderen
- Zu Umständen und Ereignissen

»Gelassenheit ist die angenehmste Form des Selbstbewusstseins.«

Marie von Ebner-Eschenbach, Schriftstellerin

Tipp: Notiere dir abends ruhig mal, über was du dich so richtig geärgert hast, warum du zum Beispiel neidisch oder frustriert warst, aber auch, was dich erfreut, beglückt oder befriedigt hat. So lernst du dich besser kennen und siehst, in welchen Situationen dir mehr Gelassenheit gut tut.

Wirksame Entspannung durch Anspannung

Wenn du beispielsweise nach einem anstrengenden Tag nicht abschalten kannst, wirkt Progressive Muskelentspannung Wunder. Bei dieser

Methode nach Dr. Edmund Jacobson geht der Entspannung zunächst eine Muskelanspannung voraus:

- Lege dich bequem hin. Schließe die Augen. Balle die rechte Hand maximal zur Faust und spüre die Spannung in deiner Faust. Halte diese Spannung einige Sekunden lang und hebe dann diese Anspannung wieder auf. Konzentriere dich jetzt darauf, wie locker sich dein rechter Arm anfühlt. Ruhe dich aus und fühle die Entspannung ganz bewusst.
- Lenke die Aufmerksamkeit auf deine linke Hand, balle, spanne und entspanne dich in gleicher Weise.
- Konzentriere dich danach wieder auf die rechte Hand, den rechten Unterarm und den rechten Oberarm.
- Dann auf die linke Hand, den linken Unterarm und Oberarm.
- Dann auf dein Gesicht. Spanne die Gesichtsmuskeln an, runzele die Stirn, ziehe die Mundwinkel zurück. Beiße die Zähne aufeinander und halte die Spannung. Dann entspannen. Und noch einmal dasselbe.
- Konzentriere dich auf deine Nacken- und Rückenmuskeln.
- Atme ganz tief ein – und noch etwas tiefer – und halte den Atem an. Lass den Atem hinausströmen. Atme noch ein paar Mal tief und ganz ruhig und gleichmäßig
- Lenke entsprechend die Aufmerksamkeit auf dein rechtes Bein.
- Lenke dann deine Aufmerksamkeit auf dein linkes Bein.

Meditation

Der Schlüssel zum »Inneren Management« ist die Meditation. Ziel der Übungen ist die Erschließung körperlicher, emotionaler und intellektueller Ressourcen. Allen Meditationstechniken ist gemein:

- Der Rückzug vor äußeren Sinneseindrücken.
- Die Konzentration auf ein inneres, meditatives Objekt. Das kann – wie bei den Hinduisten – ein Mantra oder eine Kerze sein. Oder – wie bei den Buddhisten – Atem, Haltung oder ein k'òan (paradoxes Problem).

»Meditation ist keine Flucht aus der Wirklichkeit, sondern eine gelassene Begegnung mit der Wirklichkeit.«

Thich Nhat Hanh, »Das Wunder der Achtsamkeit«

Drei Grundregeln für die Meditation

1. Aufrechte, aber entspannte Körperhaltung einnehmen.
Klassisch: Lotus- oder- Halblotussitz (auf dem Boden, Beine gekreuzt, die Füße ruhen auf den Oberschenkeln).
Auch möglich: aufrecht auf die Vorderkante eines Stuhls setzen.

2. Der Atemrhythmus wird nicht beeinflusst, nur beobachtet.
Im Lauf der Meditation wird die Atmung ruhiger und tiefer.

3. Eine entspannte, konzentrierte Geisteshaltung im »überwachen« Zustand. Alle Gedanken und Empfindungen werden aufmerksam, aber mit Distanz und innerlich unbeteiligt wahrgenommen. So als ob du an einem Flussufer sitzt, auf das Rauschen hörst und das Wasser vorbeiziehen siehst, ohne nachzudenken ...

Entspannungstherapien

Wenn du diese klassische Muskelrelaxation beherrschst, wirst du zu anderen Entspannungstechniken einen leichteren Zugang haben. Die populärsten sind: Autogenes Training, Bioenergetik, Feldenkrais, Akupressur, Shiatsu, Yoga oder wie gerade besprochen Meditation.

Check: Drei Entscheidungen für mehr Leistungsfähigkeit

Denke nochmals an die Erfolgsfaktoren Fitness, Bewegung und Entspannung nach. Welche Entscheidungen triffst du? Womit kommst du für mehr Leistungsfreude und Lebensenergie ins Handeln?

1. ______________________________

2. ______________________________

3. ______________________________

Die meisten Methoden kannst du entweder in speziellen Kursen erlernen oder du siehst dir entsprechende Videos im Internet an. Ob Yoga oder Meditation, das Netz hält für jede Methode eine passende Anleitung parat. So kannst du das Ganze auch einfach zu Hause durchführen.

Erfolgsfaktor Zeit

Zeit ist kostbar – zu kostbar, um sie zu verschwenden oder damit gedankenlos umzugehen. Es ist in jeder Sekunde deine Zeit, die du verbrauchst. Du solltest also mit deiner Zeit sehr sorgsam umgehen. Wer immer gehetzt (»leider im Moment keine Zeit«) durch die Kalenderwoche eilt, macht grundsätzlich etwas falsch. Nutze deine Zeit besser.

Plane – aber nicht blind

Plane, aber verplane dich nicht. Zeitchaos entsteht, weil wir Dinge, die wir ungern tun, verdrängen oder immer wieder aufschieben. Weil wir falsch einschätzen, wie viel Zeit wir Menschen widmen oder für Aufgaben brauchen. Entlarve deine Zeitdiebe (Aufschieberitis, Papierflut, Unordnung, unangemeldeter Besuch, überflüssige Besprechungen, Telefonitis, Nicht-Nein-sagen-Können) und ändere, was möglich ist. Zeitmanagement ist Selbstmanagement. Unverzichtbare Standards sind:

- Tagesplan aufstellen.
- Arbeit nach Wichtigkeit (First things first) ordnen und erledigen.
- Täglich zwei Stunden Zeit »am Stück« schaffen und nutzen.
- Immer nur auf eine Aufgabe konzentrieren.
- Zeitlimits für eigene Aufgaben und Besprechungen setzen.
- Zeitzonen als Puffer einbauen.

Kleine Pausen als Puffer

Kein Mensch kommt ohne Pausen aus. Denke an Unvorhergesehenes. Plane immer Zeitpuffer ein. Außerdem ist eine regelmäßige kurze Pause wichtig, in der man gewissermaßen die Zeit anhält. In dieser stillen Viertelstunde solltest du deinen Tagestrott unterbrechen, durchatmen und den Stand der Dinge für dich klären:

- Habe ich etwas Wichtiges versäumt?
- Wo finde ich Problemlösungen?
- Was muss ich entscheiden?
- Was zwingend angehen?

Check: Drei Entscheidungen für mehr Zeit

Reflektiere mal kurz und trainiere dann deinen Entscheidungsmuskel. Welche Maßnahmen wirst du durchführen, damit du mehr Zeit für das wirklich Wichtige hast? Welche Entscheidungen musst du treffen?

1. ______________________________

2. ______________________________

3. ______________________________

Erfolgsfaktor Team

Menschen sind deine wichtigste Kraftquelle. Umgebe dich deshalb vor allem mit Menschen, die entweder so sind, wie du sein willst, oder die dir auf deinem Weg behilflich sein können. Jede Begegnung beeinflusst und prägt. Vergleiche jeden Kontakt mit einem Teilchen aus einem Puzzlespiel. Vielleicht stammen einige Teile noch aus deiner Kindheit. Doch deine Vergangenheit ist nicht deine Zukunft. Übernimm die Verantwortung und gestalte deine Umgebung nach deinen Vorstellungen.

Die sieben Schritte zum persönlichen Powerteam

1. Bestimme dein Ziel

Verdeutliche dir wiederum, was genau dein Ziel ist.
Beantworte dir die Frage: Wo will ich hin?

2. Mache eine Standortanalyse

Beantworte schriftlich folgende Fragen:

- Mit wem umgebe ich mich zurzeit?
- Helfen mir diese Menschen auf dem Weg zu meinem Ziel?
- Sind diese Menschen so, wie ich sein will?

3. Ziehe Konsequenzen

Frage dich nach jedem Treffen mit deinen bisherigen Teamspielern, was es in dir verursacht hat. Bist du völlig motiviert (100 Prozent) oder gänzlich demotiviert (0 Prozent). Hast du etwas gelernt (100 Prozent), oder war es Zeitverschwendung (0 Prozent)?

Trennung kann kurzfristig hart und schmerzhaft sein, vielleicht wirst du ein paar alte Bekannte verlieren. Doch für deinen persönlichen Erfolg musst du die Latte deiner bisherigen Rahmenbedingungen überspringen.

Wenn du durch diese Menschen öfter unter die 50-Prozent-Grenze gelangst, dann wird es Zeit, dass du dich neu orientierst. Habe den Mut, dich von Menschen zu trennen, die deine Entwicklung behindern. Diese Negativlinge sind oft eine Quelle für Probleme.

Ein inspirierendes Team steigert neben dem Spaßfaktor auch nachweislich den Erfolg.

Normalerweise hast du Menschen um dich, die so sind wie du. Das bedeutet, dass diese sich auf deiner Stufe aufhalten. Damit du auf deiner Erfolgsleiter die nächste Stufe erklimmst, musst du möglichst viele Menschen der nächsthöheren Stufe um dich haben.

4. Stelle dir dein Dreamteam zusammen

Beantworte dir folgende Fragen:

- Wen hätte ich gern in meinem Team?
- Wen brauche ich als Inspirationsquelle?
- Wer gibt mir neue Ideen und Energie?
- Wer bringt mich wirklich voran?

5. Nimm Kontakt auf

Du musst dabei Antworten auf die Fragen finden:

- Wer kennt die entsprechende Person?
- Wie kann ich sie kennenlernen?
- Was interessiert mich an ihr besonders?

6. Vorleistung bringen

Die nächste Frage darf nun nicht lauten: »Was gibt mir diese Person?«, sondern: »Was kann ich für diesen Menschen tun?« Wenn du dir in deinem Garten blühende Rosen wünschst, dann musst du beizeiten Rosenstöcke setzen. Damit du besonderen Menschen etwas bieten kannst, musst du am besten selbst in einer Sache außergewöhnlich oder gut sein. Dies bedeutet in der Konsequenz, dass du dich auf deine Stärken konzentrierst und diese weiter ausbaust. Denn wenn du in einer Sache erfolgreich bist, dann wirst du automatisch für andere erfolgreiche Menschen interessant.

Werde zum Zauberer! Schaffe jeden Tag mindestens drei magische Momente.

7. Pflege deine Teamspieler

Es ist noch nicht damit getan, besondere Spieler in dein Team zu holen. Das Kunststück besteht darin, die Kontakte zu pflegen und dafür zu sorgen, dass diese Menschen sich in deinem Team wohlfühlen. Wenn du die Beziehung zu deinen Teamspielern verbessern willst, musst du entweder mehr Zeit mit den Menschen verbringen oder die emotionale Intensität zu ihnen steigern. Ganz wichtig dabei ist: Die Mitspieler müssen von deinem Team begeistert sein – und bleiben. Wenn du mit positiven Menschen – im Freundeskreis, in der Familie, im Beruf, in Vereinen oder Seminaren – zusammen bist, wirst du neue Energiequellen erschließen, deine Kreativität besser aktivieren und mit Begeisterung neue Dinge ins Handeln bringen. Denn du bist der Durchschnitt der Personen, die dich umgeben.

Magische Momente

Magische Momente sind Augenblicke, in denen du deine Umwelt gewissermaßen verzauberst: durch geistreiche Komplimente, durch ein ehrliches Lob oder fantasievolles Geschenk.

Manchmal ist es eine Rose, eine Einladung zum Essen, herzliche Worte oder eine besondere WhatsApp-Nachricht. Du kannst andere »verzaubern«, wenn sie durch deine Aktion positiv überrascht werden.

Stelle dir auf einer Liste die Teamspieler zusammen, mit denen du in Zukunft erfolgreich sein wirst. Überlege, welche Magischen Momente du ihnen in den nächsten Tagen bescheren kannst. Am besten fängst du sofort damit an!

Check: Drei Magische Momente, die ich vergeben werde

1. ______________________________

____

2. ______________________________

____

3. ______________________________

____

Kapitel 10

WIE ICH AN MEINEM ERFOLGSKONZEPT FESTHALTE

Hast du schon mal beobachtet, dass es kurz vor der Dämmerung am dunkelsten ist? So ist das prinzipiell auch in puncto Erfolg. Bevor du die nächste Erfolgstreppe erklimmen kannst, schlagen für dich erst einmal dunkle Stunden: der Test, ob du bereit bist für die nächste Ebene. Denke an vergangene Rückschläge. Hattest du nicht immer zwei Konsequenzen? Entweder du hast an dieser Stelle deine Kräfte konzentriert und bist auf die nächsthöhere Stufe gegangen. Oder: Du bist der Versuchung erlegen und in alte Verhaltensformen zurückgefallen. Das Letztere, der Rückfall in die Komfortzone, war sicher angenehm, einfach. Einfach verführerisch. Einfach leicht.

Ein Sieger findet für jedes Problem eine Lösung. Ein Verlierer findet in jeder Lösung ein Problem.

Fehler sind Lernerfahrungen

Jeder Erfolg ist das Ergebnis von guten Entscheidungen. Gute Entscheidungen sind wiederum das Ergebnis von Erfahrungen. Und Erfahrungen sind oft das Ergebnis von Fehlern. Oder sollten wir besser sagen: Problemen, Rückschlägen oder Misserfolgen. Egal, wie du es nennst, jeder sogenannte Fehler oder Rückschlag ist nur ein weiterer Versuch, eine Lernerfahrung, einen Weg zum Ziel zu finden. Wenn er nicht optimal ist, muss ich eben sofort einen neuen Weg suchen, der mich zum Ziel, zum Erfolg führt.

Thomas Alva Edison, einer der bedeutendsten Erfinder, brauchte über 10.000 Versuche, um die elektrische Glühbirne zu erfinden. Als ihn nach fast 10.000 Fehlversuchen ein Freund auf seine Misserfolge ansprach, sagte Edison: »Ich bin nicht entmutigt, weil jeder als falsch verworfene Versuch ein weiterer Schritt vorwärts ist.« Spürst du, aus welchem Holz bedeutende Menschen geschnitzt sind? Fehler, Rückschläge und Probleme, die sich auftun, sind lediglich willkommene Erfahrungen, um daraus zu lernen und um neue Strategien zu entwickeln – hin zum Erfolg.

Warum Probleme positiv sind

Haben wir es schon wieder vergessen, als wir als Kind einen Bauklotz auf den anderen stellten und der Turm dabei zusammenbrach? Was haben wir getan? Haben wir uns entmutigen lassen? Haben wir geweint? Wollten wir Mitleid von unserer Umwelt? Nein. Voller Spaß haben wir uns wieder an die Arbeit gemacht, um wieder einen Klotz auf den anderen zu platzieren. Wir hatten Spaß beim Lernen und probierten ständig voller Freude Neues aus.

Oder die ersten Gehversuche. Haben wir uns damals Gedanken über Rückschläge und Misserfolge gemacht? Bestimmt nicht. Voller Energie haben wir so lange probiert, bis es klappte.

Und heute? Wir beschweren uns über Probleme, sind verzweifelt bei Rückschlägen und kapitulieren angesichts von Misserfolgen. Diese Einstellung passt nicht!

Denke immer wieder daran: Jeder Erfolgsweg ist gepflastert mit Problemen. Und je erfolgreicher du wirst, desto mehr Probleme wirst du bekommen. So ist nun mal das Leben. Erfolge ohne Probleme zu erreichen, ist so wenig möglich, wie das Schwimmen ohne Wasser zu erlernen.

Kein Erfolg ohne Misserfolg

Nicht die Größe unseres Problems spielt eine Rolle, sondern unsere Bewertung der Situation. Oder wie es Brian Tracy ausdrückte: »Nicht wie tief du fällst, sondern wie hoch du zurückfederst, zählt.«

Jeder Rückschlag wird immer seine Wirkung verlieren in dem Moment, in dem wir unseren Blickwinkel positiv verändern. Indem wir uns überlegen, was wir aus Situationen lernen können. Welche Herausforderung und welche Chance sich uns bietet. Doch die Worte selbst weisen uns schon den Weg. Welches Wort steckt denn in »Misserfolg«? Klar, Erfolg. Erinnere dich nochmals an die Spielregeln der Polarität. Ohne Misserfolg ist kein Erfolg denkbar.

Oder das Wort Problem. »Pro« bedeutet ja bekanntlich »für«. Das heißt, die Situation arbeitet für und nicht gegen uns. Klingt doch logisch, sonst müsste es ja Kontra-blem heißen.

»Die meisten Menschen verwenden mehr Zeit und Kraft darauf, um die Probleme herumzureden, als sie anzupacken«

Henry Ford,
Automobil-Pionier

Probleme sofort anpacken

Ohne Probleme und Schwierigkeiten gibt es nun mal keine Erfolgserlebnisse. Probleme geben uns die Möglichkeit, zu zeigen, was wirklich in uns steckt. Sie veranlassen uns, aus der Komfortzone herauszugehen, um mehr zu erreichen, als wir jemals für möglich gehalten haben, Selbstwertgefühl aufzubauen und Glücksgefühle zu erhalten. Doch die meisten Menschen fürchten sich vor Problemen. Anstatt entschlossen zu handeln, reden, reden sie. Und dabei bleibt es dann leider auch.

Probleme sind eine prima Chance

Probleme sind tückisch. Sie werden immer größer, wenn wir nichts tun. Gut, anfangs können wir den Problemen noch ausweichen. Doch jedes Problem schlägt immer schneller und größer zurück. Immer und immer wieder. So lange, bis wir es anpacken oder überrollt werden. Was anfangs nur ein kleiner Schneeball war, kann zu einer riesigen Lawine werden.

Gewinner haben erkannt, dass Probleme eine prima Chance sind, um persönlich zu wachsen. Sie übernehmen die Ver- »antwort«- ung für alles, was geschieht. Das Verblüffende: Wenn du die Verantwortung an dich reißt, findest du auch die »Antwort«, die Lösung für deine Herausforderung.

Wenn du den Rahmenbedingungen, sprich anderen Menschen, Situationen oder Gegebenheiten, die Verantwortung zuschiebst, gibst du deine Macht, etwas zu verändern, ab. Bist Opfer statt Macher, und das darf einfach nicht sein.

Jede Krise ist zugleich eine Chance

Jeder Rückschlag birgt sowohl eine Krise als auch eine Chance in sich. Unser ehemaliger Bundespräsident Richard von Weizsäcker verwies in diesem Zusammenhang gern auf die Chinesen: »Von ihnen können wir viel lernen. Sie haben ein und dasselbe Wort für Krise und Chance.« Wie recht er damit hat! Das chinesische Wort WEI-JI setzt sich aus zwei Schriftzeichen zusammen: »WEI« zeigt uns den negativen Aspekt, die Gefahr. »JI« hingegen weist uns auf die Chance hin. So ist jede Krise eine Chance im Leben, die wachrüttelt. Ein Wegweiser zur nächsthöheren Stufe unseres Lebens.

危 機

wei + ji
Gefahr + Chance

Die Konzentration der Kräfte

Je größer die Rückschläge, desto mehr bist du gefordert, deine Kräfte zu konzentrieren und mit Blick auf dein Ziel ins Handeln zu kommen. Rückschlag bedeutet, dass dein Wagen auf dem Weg zum Ziel zum Stehen gekommen ist. Du musst nun all deine Kräfte sammeln, um den Wagen wieder ins Rollen zu bringen.

Denke daran:
Nichts ändert sich,
außer ich ändere mich!

Rollt er wieder, dann reicht eine vergleichsweise geringe Kraftmenge aus, um die Geschwindigkeit beizubehalten. Was die Konzentration der Kräfte bedeuten kann, wissen wir von den Pfadfindern: Mit einem Brennglas ist es uns möglich, die Sonnenstrahlen einzufangen und zu bündeln, um damit ein Feuer zu entzünden.

Kleiner Krisengipfel: So fühlst du dich besser

Ziele: Richte deine Gedanken auf dein Ziel. Je größer und emotionaler das Ziel ist, desto kleiner und unbedeutender erscheint das Problem.

Gespräche mit positiven Menschen: Umgib dich mit Menschen, die dir aus der Krise helfen können. Bestimme schon im Vorfeld, wer dir eine positive Sichtweise vermittelt oder wer dir beim Lösungsbrainstorming hilft.

Erfolgstagebuch: Führe mit absoluter Konsequenz dein Erfolgstagebuch. Vermerke darin jeden Tag drei bis fünf »Diamanten«. Die Punkte, die dir gut gelungen sind, schaffen Selbstwertgefühl.

Bücher: Lese, lese und lese positive und aufbauende Literatur. Lerne aus den Erfahrungen anderer und nutze bewährte Erfolgsstrategien.

Seminare: Sie bieten dir die beste Möglichkeit, aus deinem Trott auszubrechen, mit anderen positiven und an Entwicklung interessierten Menschen neue bewährte Erfolgsstrategien kennenzulernen und ins Handeln zu bringen.

Podcasts: Ob auf dem Smartphone, deinem Tablet oder dem Computer. Durch das Hören von Podcasts verinnerlichst du diesen auditiven Impuls schnell und nachhaltig. Dadurch manifestieren sich positive und motivierende Inhalte besonders wirkungsvoll.

__Jörg Löhrs Podcast__ ist für Menschen, die ihr volles Potenzial entfalten wollen. Du erhältst hier viele nützliche Tipps und Strategien, entscheidendes Know-how und viel Inspiration sowie wertvolle Interviews mit spannenden Persönlichkeiten. Rund um die Themen Erfolg, Motivation, Persönlichkeitsentwicklung, Führung und Management.
joerg-loehr-events.de/podcast-buch

Mein persönliches Erfolgstagebuch

Wenn du einen Weg wüsstest, der deine Lebensqualität, ja auch deine finanzielle Situation verbessern könnte, würdest du ihn einschlagen? Wenn der Aufwand dafür täglich nur fünf Minuten beträgt und sich vorerst auf 30 Tage beschränkt, würdest du »Ja!« sagen? Entscheide mit »Ja!«: Führe ein Erfolgstagebuch!

Was ist zu tun?

Notiere deine Ziele und Aktionsschritte.

Beantworte für dich täglich diese drei Fragen:
Was habe ich heute gelernt?
Was war an diesem Tag außergewöhnlich?
Was hat mich heute meinen Zielen nähergebracht?

Schreibe deine persönlichen »Diamanten« des Tages auf.

Warum täglich?

Weil du damit täglich an deinen Zielen arbeitest und deine Kräfte konzentrierst. Nur durch die Selbstdisziplin, jeden Tag nach vorne zu gehen, kommst du deinen Zielen näher.

Warum 30 Tage?

Weil in dieser Zeit Ergebnisse möglich sind.
Zudem wird dein neues Verhalten des »POP-ens« (Permanenter Optimierungsprozess) zum festen Programm, zu einer Gewohnheit.

*Hier kannst du dir das **Erfolgstagebuch** ganz einfach und kostenfrei downloaden:*
joerg-loehr-events.de/buch

Mein persönliches Erfolgstagebuch

Warum schriftlich?

Weil du dich damit forderst, Farbe zu bekennen.
Außerdem musst du zu deinen Aktivitäten klar Stellung beziehen.
Zudem weißt du: »Was man schreibt, das bleibt.«
Notiere deine persönlichen »Diamanten«,
denn so lenkst du deinen Fokus auf deine Stärken –
und das ist die Basis für außergewöhnliche Taten.
Viele erfolgreiche Menschen führen so ein Tagebuch.
Wir haben die Methode auf Intensivseminaren getestet –
mit überwältigendem Ergebnis. Stellvertretend für Tausende
von Menschen hier der Brief eines Teilnehmers aus Göppingen:

»Hallo Jörg,
du hast völlig untertrieben. Wenn man täglich versucht, noch etwas »besser« als am Vortag zu sein und diese Erfolgsschritte in einem Tagebuch dokumentiert, steigert man seine Leistungsfähigkeit nicht um 25 Prozent – es sind mindestens 100 Prozent.
Vielen Dank für alles.
Liebe Grüße, Markus.«

Wenn dir das keinen Mut macht!

Problemlösungsstrategie

»Probleme sind gute Gelegenheiten zu zeigen, was man kann.«

Duke Ellington,
Jazzlegende

Probleme kommen meistens dann, wenn man sie nicht gebrauchen kann. Wir reagieren emotional, und unsere Gefühle sowie Reaktionen laufen unkontrolliert ab. Instinkte und unbewusste Gewohnheiten steuern dann unser Verhalten. Von kraftvollen richtungsweisenden Gedanken keine Spur. Deshalb solltest du dich beizeiten aus einem guten Zustand heraus mit folgenden Punkten beschäftigen:

> *»Disziplin ist nur eine Frage der Zielbewusstheit. Wer seine inneren Bilder klar vor Augen hat, kann die nächste Handlungsgelegenheit gar nicht abwarten.«*
>
> Arnold Schwarzenegger, Schauspieler

- Probleme werden auf mich zukommen. Je größer mein Ziel ist, desto größer werden die Probleme werden – vielleicht sogar größer, als ich es mir jemals vorstellen kann.
- Ich beschließe, die Verantwortung für die Lösung meines Problems zu übernehmen – egal, was passiert.
- Aus einem guten Zustand heraus werde ich überlegen, welche Probleme auf mich zukommen können.
- Für jedes dieser Probleme werde ich einen oder mehrere Lösungsvorschläge finden.
- Ich werde einen schriftlichen Plan zum Stimmungsumschwung von vornherein festlegen.
- Ich werde nach diesem Plan vorgehen, im Detail aber flexibel für Veränderungen bleiben.

Glaube an deinen Erfolg

Gehe den Weg deines Erfolgs mit Bewusstsein, dass dich Rückschläge und Widerstände ereilen können. Jetzt kommt es darauf an!

Mache dir Folgendes klar: Wenn ein Steinmetz ein Meisterwerk schaffen will, schlägt er zunächst mit großer Kraft auf den Stein. Nichts passiert. Er weiß aber schon, wie sein Ergebnis aussehen wird. Immer und immer wieder haut er mit unverminderter Kraft – und nichts ist zu sehen. Manchmal kommen Menschen vorbei und schütteln verwundert den Kopf. Denn obwohl der Steinmetz sich so abmüht, sehen sie kein Ergebnis, keinen Fortschritt. Nur der Steinmetz weiß, dass er mit gleicher Kraft den Stein bearbeiten muss. Und irgendwann, vielleicht beim 500. oder erst beim 1000. Schlag, bricht sein Stein gewaltig auseinander. Jetzt kann er mit den Feinarbeiten beginnen. Wenn alles fertig ist, sieht man dieselben Menschen, die vorher noch den Kopf

Sieben Tipps, um wieder auf Erfolgskurs zu kommen

Im Folgenden findest du sieben Tipps, mit denen du dich schnell wieder auf Erfolgskurs bringen kannst, wenn du ins Wanken geraten bist:

1. **Mach dir dein Ziel bewusst.**

2. **Formuliere dein Problem um:** Nenne dein Problem ab jetzt nur noch Herausforderung, Chance oder Möglichkeit.

3. **Beantworte folgende Fragen:**
Was ist positiv an dieser Situation?
Wie kann ich die Situation verbessern?
Wie kann ich Spaß bei der Verbesserung empfinden?
Diese positiven Fragen schaffen positive Antworten, die deinen Zustand verändern und dir damit gute Entscheidungen und Verhaltensweisen ermöglichen.

4. **Schaffe Lösungen:** Notiere nun alle Lösungen auf einem Blatt Papier, die dir zur Bewältigung der Herausforderung in den Sinn kommen. Bewerte dabei keine, sondern schreibe sie nur auf.

5. **Entscheide:** Lege nun fest, welche die beste Lösung darstellt.

6. **Entwickle einen Aktionsplan:** Entsprechend der Aktionsfrage »Wer macht was bis wann?« entwickle nun einen Plan, mit dem du die beste Lösung ins Handeln bringst. Sofort!

7. **Beobachte und reagiere flexibel:** Nimm nun zur Kenntnis, ob dein Handeln zur Lösung deiner Herausforderung führt. Sollte dies nicht der Fall sein, so bleibe flexibel und verändere deine Strategie so lange, bis du eine geeignete Lösung gefunden hast. Immer und immer wieder.

Lass dich nicht von Rückschlägen und Misserfolgen entmutigen! Die erfolgreiche Ausführung einer Idee besteht aus vielen kleinen Schritten.

schüttelten, wieder. Nun stehen sie bewundernd vor der Skulptur und tun so, als hätten sie es von Anfang an gewusst. Der Steinmetz lächelt. Er kennt das Geheimnis des Erfolgs: Es sind die Fähigkeiten, die Zukunft gedanklich in die Gegenwart zu holen, und der gleichbleibende Einsatz der Kräfte – allen Widerständen zum Trotz.

»Wer Ausdauer besitzt, ist fast schon am Ziel.«

Ernst R. Hauschka, Lyriker

… und was sind jetzt die nächsten Schritte?

So. Wenn du dieses Buch durchgearbeitet hast, dann weißt du, wohin deine Reise geht und kennst die Spielregeln des Erfolgs. Eine exzellente Basis. Für all das, was jetzt folgen kann, habe ich dir noch drei Tipps:

Werde der Beste, der du sein kannst!

Großartige Atmosphäre bei unserem Highlightseminar »Einfach mehr ERFOLG!«. 2 Tage voller Knowhow, Inspiration und Motivation, die dich garantiert ins Handeln bringen!

1. Bleib am Ball

Wenn dir die Inhalte aus diesem Buch gefallen haben und du jetzt den nächsten Schritt in Richtung Erfolg mit mir gehen möchtest, dann habe ich jetzt noch eine Herzensempfehlung für dich.

Sei bei meinem neuen Online-Kurs »INSPIRE YOUR LIFE!« mit dabei. Dieser Kurs beinhaltet für dich insgesamt über 5 Stunden neuen, exklusiven Content von und mit mir, mit effektiven Übungen und zusätzlichem Bonusmaterial für deinen erfolgreichen Transfer in die Praxis, damit du das Erlernte auch wirklich umsetzt und ins Handeln kommst. Wichtig war mir vor allem, dass der Kurs weit über das Buch hinausgeht und dir viele neue und vor allem tiefergehende Inhalte mit an die Hand gibt. Mit diesem Kurs entwickelst du ein erfolgreiches Mindset und implementierst neue Gewohnheiten, die dich entscheidend nach vorne bringen. Du erfährst, wie du deine Erfolgschancen deutlich verbesserst und nachhaltige Ergebnisse für dich und dein Leben kreierst.

Nutze deshalb diese außergewöhnliche Möglichkeit für dich, sichere dir deinen exklusiven Sonderpreis und melde dich jetzt hier an:
https://joerg-loehr-events.de/inspire-online1

2. Gib dein Wissen weiter

Erfolgreiche Menschen halten nichts zurück. Sie geben gerne. Gib also auch du dein Erfolgswissen weiter. Sicher kennst du auch Freunde, Bekannte und Kollegen, für die das Wissen, die Aufgaben und Tipps unterstützend wären.

Bitte gib aber nicht dein persönliches Buch weiter, sondern schick ihnen den Link, damit sie sich ein eigenes Buch mit den Zusatzgeschenken bestellen können:
joerg-loehr-events.de/buch-freunde

Erzähle deinem Partner und Menschen, die dir viel bedeuten, was du über die Spielregeln des Erfolgs gelernt hast. Es gibt gute Gründe dafür:

- Erstens stimmt die Managerweisheit »If you wanna reach it, teach it!« Jedes Mal, wenn du nämlich über die Gesetze und die Geheimnisse des Erfolgs sprichst, wiederholst, sortierst und trainierst du automatisch die für dich entscheidenden Gedanken.
- Zweitens handelst du in Übereinstimmung mit den Spielregeln des Lebens – zum Beispiel der Spielregel der Resonanz: Je mehr du anderen hilfst, erfolgreich zu sein, umso mehr hilfst du dir, erfolgreich zu werden. Oder der Spielregel des Wachstums: Alles sollte im Fluss sein – auch unser Wissen.

3. Sei mutig und genieße deinen Erfolgsweg

Sicher kennst du das Sprichwort »Wer nicht wagt, der nicht gewinnt.« Treffender kann man es kaum formulieren, denn: Besondere Dinge passieren, wenn wir mutig sind. Erlaube dir deshalb, größer zu denken, als du es bis jetzt vielleicht getan hast.

Mach aus deinem Leben ein Meisterwerk. Verinnerliche das vielleicht mächtigste Erfolgsprinzip, das lautet: »Jeder Gedanke hat die Tendenz, sich zu verwirklichen.« Wenn du dieses Prinzip nutzt, dann hast du den besten Treibstoff für deinen Motor.

Versäume aber unterwegs nicht, die Fahrt auch zu genießen. Ich wünsche dir auf deinem Erfolgsweg ungewöhnlich schöne Erfahrungen, außergewöhnlichen Spaß und freue mich, wenn unsere Wege sich wieder kreuzen. Lass uns gemeinsam etwas bewegen, das den Unterschied ausmacht!

An dem Tag, an dem du die Verantwortung für dich selbst übernimmst, an dem du aufhörst, Entschuldigungen zu suchen, an dem Tag beginnt dein Weg zum Ziel.

Bis dahin,

dein

Dein Erfolg geht noch weiter!

Wenn es eine Sache ist, die ich in den letzten 30 Jahren über Erfolg gelernt habe, dann ist es die: Erfolg ist ein lebenslanger Prozess, welcher ständige persönliche Weiterentwicklung und Veränderung bedingt. Denn Stillstand ist der Tod – erst recht in diesen turbulenten Zeiten. Wenn du dich heute auf dem Erlernten von gestern ausruhst, fällst du morgen bereits wieder zurück.

Bist du bereit für den nächsten großen Schritt in deinem Leben? Dann sei jetzt bei meinem brandneuen **Online-Kurs »INSPIRE YOUR LIFE!«** dabei. Dieser ist die Erweiterung zu diesem Buch und umfasst 10 Module mit tiefergehenden Inhalten, Übungen, einem Workbook sowie weiteren Bonus-Modulen. Kurzweilig, praxisnah und zu 100% umsetzbar! Damit du wirklich in die Aktionsebene kommst und die Dinge umsetzt, die du dir vorgenommen hast.

Mehrere Hundert Teilnehmer haben dieses außergewöhnliche Programm bereits absolviert und ihren Erfolg selbst in die Hand genommen. Lies dir hierzu gerne einmal das tolle Feedback von Nicole aus unserer exklusiven »INSPIRE YOUR LIFE!«-Facebook-Gruppe durch:

> **Nicole Küpper** Lieber Jörg,
> ich habe mit riesen großer Begeisterung den Modul für Modul durchgearbeitet; sehr viel mitgeschrieben und mitgenommen. Gerade eben noch habe ich diesen Online-Kurs an jemanden weiterempfohlen.
>
> Ich habe bei jedem Modul so einige Erkenntnisse gehabt 😉 Ich führe nun seit 18 Tagen das Erfolgstagebuch - nicht mehr wegzudenken! Ich habe die ersten neuen Rituale eingeführt und halte mich auch täglich daran 🙂
>
> Ich bin so dankbar für diesen Kurs, denn er hat mich ins HANDELN gebracht. DANKE 🙏
>
> Gefällt mir · Antworten · 21 Std. 👍 1

Wenn du mit dabei sein möchtest und dir als Käufer meines Buches den exklusiven Sonderpreis für den Kurs sichern möchtest, dann scanne jetzt den QR-Code ab und ich freue mich, wenn wir gemeinsam deinen nächsten Schritt in Richtung Lebenserfolg gehen!

Hörst du bereits meinen Podcast oder bist mit mir auf Social Media in Kontakt?

Podcasts sind eine tolle Möglichkeit für deine persönliche Weiterentwicklung und das egal ob du im Auto, im Flieger, im Zug, beim Sport oder zu Hause bist.

joerg-loehr-events.de/social-media

INSTAGRAM	FACEBOOK	LINKEDIN	YOUTUBE
joerg_loehr_official	*Jörg Löhr*	*linkedin.com/in/ jörg-löhr/*	*youtube.com/ erfolgstraining*

Möchtest du regelmäßigen Input von mir haben? Dann folge jetzt meinem Podcast »Einfach mehr Erfolg!« auf Spotify, Apple, YouTube oder Upspeak. Die Bandbreite umfasst die Themen Motivation, Erfolg, Kommunikation, Führung und bis hin zu exklusiven und inspirierenden Interviews mit Profisportlern, Nationalspielern, Bundesligatrainern und Größen aus der Wirtschaft, die mit mir über ihre ganz persönlichen Erfolgsfaktoren sprechen.

Ich freue mich auf den persönlichen Kontakt mit dir

Hier bekommst du täglich exklusive Posts, Stories, Interview- und Seminarausschnitte – für deine tägliche Begleitung und Motivation auf deinem Weg.

joerg-loehr-events.de/podcast-buch

APPLE SPOTIFY UPSPEAK YOUTUBE

Zu guter Letzt: 3x3

Wenn du dieses Buch mit all seinen Tipps, Spielregeln und Übungen nochmals kurz Revue passieren lässt: Welche drei Ziele, welche drei Aktionsschritte und welche drei Gedanken zu deinem neuen Mindset sind für dich jetzt entscheidend?
Beispiele zum neuen Mindset:

- Ich erlaube mir, groß zu denken, um meine Träume zu (er)leben.
- Ich entwickle mein Leben ständig weiter, indem ich mich ständig weiterentwickle.
- Ich vergleiche mich nicht mit anderen, ich werde der Beste, der ich sein kann.

Check: Mindset

1. ______________________________

____

____

2. ______________________________

____

____

3. ______________________________

____

____

Check: Ziele

1. ____

______________________________ bis wann? ____________

2. ____

______________________________ bis wann? ____________

3. ____

______________________________ bis wann? ____________

Denke hierbei an die 72-Stunden Regel (siehe Seite 164/165).

Check: Aktionsschritte

1. ____

____

2. ____

____

3. ____

____

Danke

Zuallererst sage ich danke an Ulrich Pramann, ohne den dieses Buch auf diese besondere Weise nicht zustande gekommen wäre. Uli ist ein Freund, der die Gabe hat, Gedanken, Ideen und Inhalte in wundervolle Worte zu kleiden.

Mein herzlicher Dank geht natürlich an mein Team: Ihr seid einfach großartig! Mit euch Jahr für Jahr außergewöhnliche Dinge zu bewegen, ist ein unfassbar tolles Geschenk. Danke, liebe Dagmar, Bea, Jenny, Ramona, Lisa, Natalie, Amelie, Leonie, lieber Joe, Lukas, Alex, Carlo, Daniel, Matze, Baris, Bene, Dennis und Gürsel.

... Und vor allem an meinen Bruder Frank, mit dem ich in der Bundesliga und Nationalmannschaft viele große Schlachten gewinnen durfte. Darüber hinaus hält er mir seit nun mehr als 20 Jahren den Rücken frei und lenkt maßgeblich die Geschichte der Jörg Löhr Akademie.

Ein großes Dankeschön geht an all die Teilnehmer, die mir nach unseren Seminaren Rückmeldungen gegeben haben. Euer Feedback, eure Mails und Gespräche über die entstandenen Erfolge sind meine Motivation und Inspiration, mit voller Energie und Leidenschaft weiterzumachen. Danke, dass ihr mich meinen beruflichen Traum erleben lasst.

Und mein abschließender, ganz besonderer Dank gilt meiner wunderbaren Familie. Meiner liebevollen Frau Maya, meinen tollen Kindern Noah, Nayla, Luis, Lian und Kiano. Ihr macht mich so unglaublich stolz. Genauso wie meine Geschwister Anne und Frank sowie meine Mutter Gisela. Danke für diesen einmaligen Zusammenhalt!

Bildnachweis

Seite 6 Christopher Polk
Seite 8 Paul Träger
Seite 14 Andreas Rentz
Seite 16 Romolo Tavani
Seite 33 Jacob Lund
Seite 38 Dean Mouhtaropoulos
Seite 48 Jacob Lund
Seite 52 alex.pin
Seite 60 Antrey
Seite 62 zhukovvvlad
Seite 67 EtiAmmos
Seite 70 monsitj
Seite 72 Werner Dreblow
Seite 77 ra2 studio
Seite 84 Halfpoint
Seite 97 Ronny Barthel
Seite 98 Andrei
Seite 102 lily
Seite 106 bobex73
Seite 108 fotomaximum
Seite 110 Laura Hoffmann
Seite 118 Matthias Hangst
Seite 131 Peppygraphics
Seite 144 1STunningART
Seite 146 F8studio
Seite 154 Andrey Burmakin
Seite 156 Inka Englisch
Seite 157 Jörg Hofmann
Seite 158 Jacob Lund
Seite 162 Sunset Boulevard
Seite 170 Gina Sanders
Seite 173 nd3000
Seite 176 alphaspirit
Seite 192 Redpixel
Seite 217 nd3000
Seite 220 Clive Brunskill
Seite 230 Kzenon
Seite 231 Ronny Barthel
Seite 239 Ronny Barthel

2. Auflage 2020

Edition Erfolg Verlag
ISBN 978-3-938826-82-9
© JÖRG LÖHR Akademie GmbH
Redaktion: Amelie Brosig
Gestaltung und Satz: Büro Köthe, Potsdam
Druckabwicklung: One World Distribution, Remscheid
Printed in Germany
Alle Rechte vorbehalten

Hinweis:
Das vorliegende Buch ist sorgfältig erarbeitet worden. Dennoch erfolgen alle Angaben ohne Gewähr. Weder Autor noch Verlag können für die eventuellen Nachteile oder Schäden, die aus den im Buch gegebenen praktischen Hinweisen resultieren, eine Haftung übernehmen.